ROM

IN ATEMBERAUBENDEN LUFTAUFNAHMEN

WHITE STAR VERLAG

ROM

IN ATEMBERAUBENDEN LUFTAUFNAHMEN

FOTOGRAFIEN
Antonio Attini
Marcello Bertinetti

TEXT
Stefano Ardito

Inhalt

2-3 Der archäologische Park im Herzen Roms beinhaltet den Palatin (im Vordergrund), die Foren und das Kolosseum.

4-5 Klares Wasser, Tuffsteinklippen und enge Terrassen prägen die Landschaft von Panza, der größten Insel Latiums.

6-7 Tarquinia (Viterbo) ist für seine etruskischen Nekropolen bekannt. Außerdem besitzt es eine gut erhaltene Altstadt, die von Mauern und Türmen umgeben ist.

8 Die Kirche von Castel Gandolfo (Rom), nach Sankt Thomas von Villanova benannt, wurde von Papst Alexander VII. Gian Lorenzo Bernini in Auftrag gegeben, der sie aus Platzmangel im griechischen Baustil entworfen hat.

9 Die geraden Achsen des Corso Vittorio Emanuele II. (Bildmitte) und der Via Giulia zerteilen das Zentrum Roms in Richtung der Piazza Venezia und dem Kapitol.

Willkommen im Herzen Italiens und der Welt. Seit Jahrzehnten haben sich zahlreiche Bilder von Rom in die kollektive Vorstellungswelt eingeprägt. Von Kansas bis Tokio, Buenos Aires bis Mumbai – wer Zeitung liest oder Fernsehen schaut, hat gewiss schon einmal den Tiber gesehen oder die Bögen des Kolosseums und die Säulen der Kaiserforen, die Fontana di Trevi und die Brunnen der Piazza Navona, die Kuppel von Sankt Peter oder die Kolonnaden von Bernini, die sich von der Via della Conciliazione zum Tiber hin ausdehnen, als wollten sie die ewige Stadt oder gar die ganze Welt umarmen.
Man muss nicht katholisch sein, um zu wissen, dass Rom seit zweitausend Jahren ein Zentrum des Glaubens ist. Jeder kennt die Bilder vom Papst, wenn er zu den Gläubigen auf dem überfüllten Vorplatz spricht. Man muss auch nicht Kunstgeschichte studiert haben, um zu wissen, dass die Entwürfe für die Basiliken, Plätze und römischen Paläste von Michelangelo und Bernini stammen und dass die Kapitolinischen und Vatikanischen Museen (denen man ein Dutzend weitere, zu Unrecht als „zweitrangig" klassifizierte Sammlungen, hinzufügen könnte) außergewöhnliche Schätze in sich bergen. Von der Zeit der Grand Tour im ausgehenden 18. Jahrhundert bis in unsere Tage hinein haben Künstler immer wieder die romantischen Landschaften Latiums gemalt – sei es die Campagna, die Wasserspiele von Tivoli oder die Pontinischen Sümpfe.
Häufig jedoch wird den Italienern, und nicht nur ihnen, das Bild eines viel alltäglicheren und völlig entgegengesetzten, doch ebenso wahrhaften Roms vor Augen geführt. Staus auf der Tiberpromenade, dem Autobahnring und in der Innenstadt. Die blauen Wagen der Politiker, die zwischen den Palazzi Montecitorio, Madama und Chigi hin- und herfahren. Demonstrationen von Gewerkschaften, die den ohnehin schon chaotischen Verkehr im Zentrum lahmlegen. Und schließlich die Stazione Termini und der Flughafen Fiumicino, die Fußballspiele im Olympiastadion, der Marathon durch die Stadt und die archäologischen Areale. Sonntags und an Feiertagen bevölkern Pilger und Touristen die Basiliken, Plätze, Eisdielen und Restaurants.
Das Bild des übrigen Teils von Latium wird indes durch Roms außerordentliche Schönheit und bezaubernde Kraft verdrängt und bisweilen ausgelöscht. Eine Sichtweise, die es zu korrigieren gilt.
Die Region um Rom (mit den Provinzstädten Viterbo, Rieti, Frosinone und Latina), die an Toskana, Umbrien, Marken, Abruzzen, Kampanien und Molise angrenzt, ist verglichen mit den anderen italienischen Regionen hinsichtlich ihrer Landschaften und Bevölkerung eine der abwechslungsreichsten und interessantesten des Stiefels und des gesamten Mittelmeerraums.
Die Städte der Etrusker, Römer und Italiker sowie die Straßen der Antike, die sich noch immer durch die Landschaft winden,

11 Das Kolosseum (Rom) – berühmtestes Amphitheater der Antike – wurde ab 72 n.Chr. unter den Herrschern Vespasianus, Titus und Domitian erbaut.

werden flankiert von mittelalterlichen Burgen, von Abteien, Klöstern und Einsiedeleien, barocken Ortschaften und Palästen, herrlichen Parks der Villa Lante und Villa d'Este, von moderner Architektur, wie die Gebäude des Foro Italico und des E.U.R.-Viertels, und von Ortschaften, die durch die Urbarmachung der Pontinischen Sümpfe erst entstanden sind, wie Latina und Sabaudia.

„In der Region von Viterbo liegt ein Hauch von Toskana in der Luft, Circeo erinnert an den Zauber von Capri und Ischia, Tivoli hat bereits etwas von den Abruzzen", bemerkte der Schriftsteller und Kunstkritiker Mario Praz 1967 anlässlich der Präsentation seines Buches *Lazio*.

Auch die Natur hat ihren eigenen, sehr bedeutsamen Platz. Von den Buchenwäldern, Wasserfällen und Felsen des Apennins an der Grenze zu den Abruzzen (Laga-Massiv, Monte Terminillo, Simbruiner und Ernici-Gebirgskette, die Berge der Mainarde und des Abruzzen-Nationalparks) steigt man zwischen den Sabiner Bergen wenige Kilometer hinab zum sacht mäandrierenden Tiber, zu den Seen und Sümpfen von Circeo an der römischen Küste, den Kraterseen der Albaner Berge und den beeindruckenden Kalksteinklippen von Gaeta.

Entlang des Tyrrhenischen Meeres verläuft ein langer, wellenförmiger Strandstreifen. Zwischen Rom und der Grenze zur toskanischen Maremma haben sich durch die Eruptionen der an-

12 links Die Tiberinsel trennt Roms ehemaliges jüdisches Ghetto und Zentrum vom Stadtteil Trastevere.

tiken Vulkane über einen Zeitraum von 500 000 Jahren das Hochland und die Schluchten der Tuffsteinfelsen der Tuscia gebildet. Die einstigen Krater bieten heute Platz für das blaue Wasser des Bolsena-, Bracciano- und Vico-Sees. Auf der Höhe der Pontinischen Küste befinden sich die zum größten Teil vulkanischen Inseln Ponza, Palmarola, Zannone, Ventotene und Santo Stefano.

Der Blick von oben gestattet es, die Vielfalt und Schönheit der Gegenden erfassen zu können. Latiums Natur gestaltet sich jedoch äußerst lebendig. Je nach Höhenlage überwiegen in den Wäldern Steineichen, Kastanienbäume, Zerreichen oder Buchen. Die Liste der Frühjahrsblüher (die im März an der Küste und im Mai und Juni in den Bergen zu sehen sind) umfasst Hochgebirgsblumen wie Türkenbund, Dichternarzisse und Feuerlilie sowie etliche Arten wilder Orchideen und an Wüstenklima gewohnte Pflanzen, wie z. B. die Hottentottenfeige, die die Dünen von Castelporziano und Sabaudia farblich aufmuntern. Im Herbst tauchen die Alpenveilchen den Wald der Tuscia in ein schönes Rot.

In den Bergen Latiums sind Wölfe, Braunbären, Gämse und Gänsegeier zu Hause. Auf Spuren von Stachelschweinen, Dachsen und Rehen trifft man vorwiegend in den hügeligen Landstrichen. Im Flusslauf der Fiora leben Fischotter. Ferner können seltene Raubvögel wie Gabelweihe (Roter Milan), Uhu und Schlangenadler beobachtet werden. Wanderfalken, Fischreiher und Kormorane dringen sogar bis in Roms historisches Zentrum vor. An den Vulkanseen und Circeos Küstenseen halten sich für einige Monate im Jahr Wildgänse und Wasserhühner auf. Während auf dem Apennin Schaf- und Ziegenherden die Bergweiden bevölkern, grasen auf den Tolfa-Bergen und um Tarquinia herum Kühe aus der Maremma, die von Hirten zu Pferde gehütet werden.

Nicht zufällig, und auch nicht erst seit gestern, stehen Latiums Landschaften durch eine Aufteilung in mittlerweile über fünfzig Gebiete unter Naturschutz.

Zum Abruzzen-Nationalpark, der 1923 in der Ciociariaregion gegründet und 2002 der Nationalpark Abruzzen, Latium und Molise geworden ist, kommen 1934 der Circeo-Nationalpark und 1995 der Gran-Sasso-Nationalpark hinzu, der bis in die Marken und Abruzzen hineinreicht. Seit 1979 sind über dreißig Parks und regionale Reservate entstanden. Hinzu kommen einige staatliche Naturreservate, zwei Meeresschutzgebiete und an die zehn vom WWF (World Wildlife Fund) und italienischen Vogelschutzbund (LIPU) gegründete Oasen.

12 Mitte In Sperlonga (Latina) befindet sich an einer natürlichen Höhle am Fuße des Monte Ciannito die Tiberius-Grotte, das Nymphäum einer der vielen kaiserlichen Villen, die Tiberius 26 n. Chr., als er sich auf Capri niederließ, verlassen hat.

12 rechts Die mittelalterliche Ortschaft Genazzano (Rom) erstreckt sich auf einem Bergrücken am östlichen Rand der Campagna Romana.

Doch Latium, ob von unten oder oben betrachtet, kann nicht nur Naturschönheiten vorweisen. Wie auch die anderen Regionen von Italien (im Übrigen eins der am dichtest besiedelten Länder Europas), weist das antike, am Tyrrhenischen Meer liegende Fleckchen Erde ein dichtes Netzwerk aus Straßen, Industriegebieten, Bahnlinien und Flughäfen auf. Neben dem faszinierenden geometrischen Aufbau der Renaissance- und mittelalterlichen Orte gibt es die weniger bezaubernden Gewerbegebiete und modernen Ballungszentren, die oftmals ohne Planung und Kontrolle entstanden sind.

Der Privatsektor – der aktivste und dynamischste ganz Italiens – ist neben Ministerien und öffentlichen Einrichtungen ausschlaggebend für eine noch immer ansteigende Zuwanderung nach Rom und Latium, mit der eine stetige Veränderung der Landschaft einhergeht. Allein die Durchquerung der Region auf einer Autobahn oder ein kurzer Blick aus dem Flugzeug beim Landeanflug auf Rom genügt, um festzustellen, wie die Campagna Romana, die Ciociaria, die Pontinische Ebene sowie andere Gebiete der Region im Eiltempo besiedelt werden.

Über weite Flächen liegen die Berge verlassen, da sich viele kleine Ortschaften an den Hängen in Windeseile entvölkert haben. Doch auch auf den „Dächern" von Latium, vom Mainarde-Gebirgszug bis zum Laga-Massiv, haben Wege für den Abtransport abgeholzter Bäume, Wohngebiete, Skipisten und andere Eingriffe des Menschen deutliche Spuren hinterlassen. Die Lokalverwaltungen, die in der Vergangenheit oft die Augen verschlossen hielten, haben heute größtenteils ihre Haltung geändert.

Obgleich Schuttabladeplätze fast ganz verschwunden sind und überall weitere Schutzgebiete entstehen, ist es dennoch nicht einfach, eine Region zu verwalten, die wie Latium dem starken menschlichen Druck standhalten muss.

Wer Rom und Latium besuchen möchte, sollte wachsam sein, um die vielen, feinsten Nuancen des Territoriums und die über Jahrhunderte vom Menschen geschaffenen Werke zu entdecken; in Latium, nur zwei Schritte von den berühmten Stätten entfernt, liegen zahlreiche geheime Kleinode versteckt. Wer hingegen die Bilder in diesem Band betrachtet, den wollen wir darauf aufmerksam machen, wie sich das Gesicht Latiums unentwegt wandelt. Alles verändert sich, wenn auch nicht immer zum Besten. Das geschieht bereits seit dreitausend Jahren.

Und wird es auch in Zukunft.

15 Als historische Festungsanlage des Königreichs Neapel bietet Gaeta in der Provinz Latina einen sicheren Anlegeplatz, der von dem mittelalterlichen Dom und der bourbonischen Burg bewacht wird.

18-19 Die Freitreppe der Trinità die Monti (auf diesem Foto etwas verdeckt) führt von der gleichnamigen Kirche auf die Piazza di Spagna in Rom.

20-21 Der Monte Circeo fällt zum Mare Tirreno hin ab. Seine Bergwände sind von mediterraner Macchia bewachsen.

22-23 Der Mensch hat die hügelige Landschaft in der Nähe von Latina geprägt.

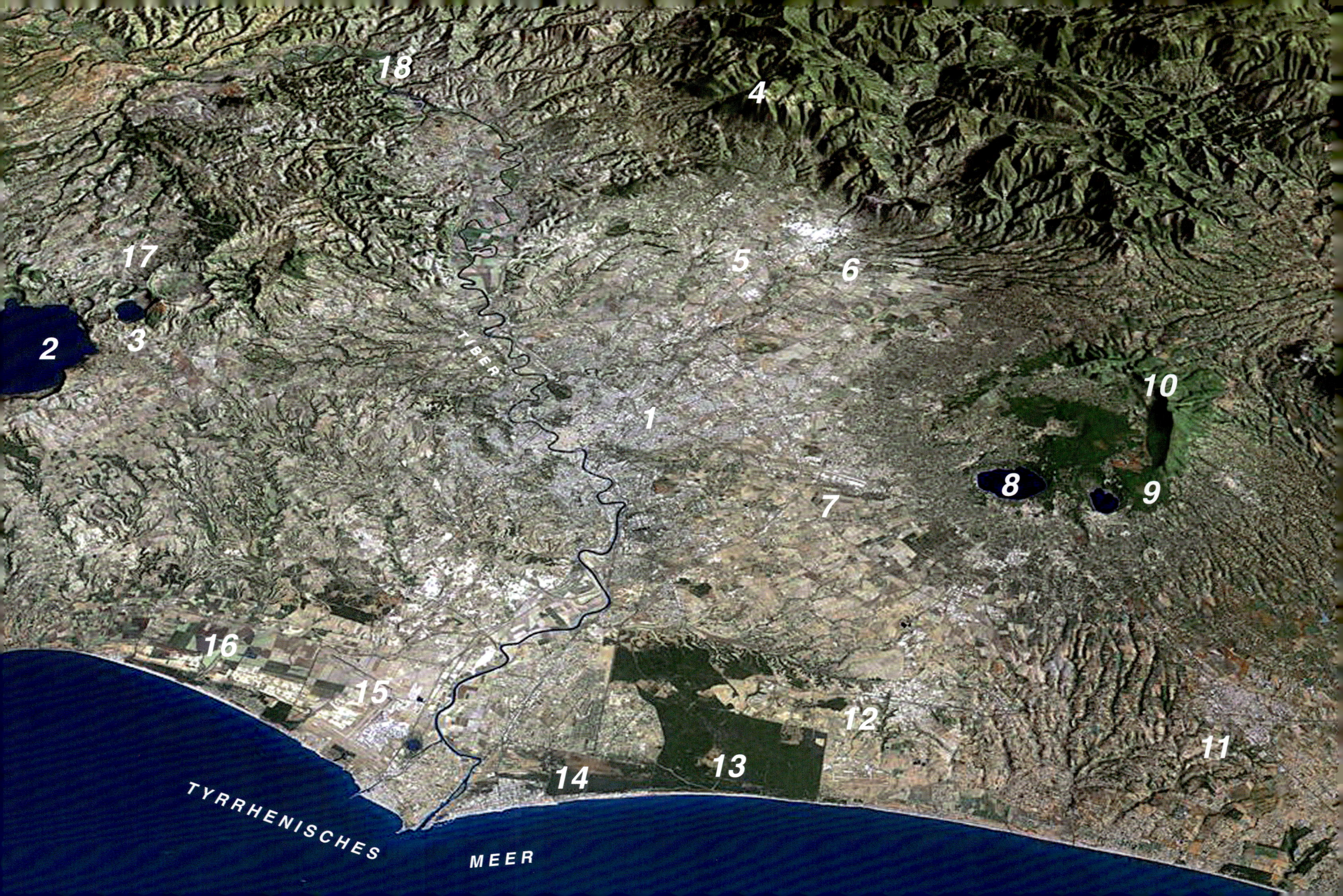

18
4
17
5
6
2
3
TIBER
10
1
8
9
7
16
15
12
11
14
13
TYRRHENISCHES
MEER

Einige Daten zu Rom und Latium

- Fläche: 17203 Quadratkilometer
- Einwohner: 5 145 805
- Hauptstadt der Region: Rom (3 807 992 Einwohner)
- Hauptstädte der Provinz: Frosinone (48 466), Latina (108 968), Rieti (44 453), Viterbo (59 354)
- Das Gebiet ist vorwiegend hügelig (53,9 %), zu 26,1 % sogar bergig und nur zu 20 % eben.
- Wichtigste Flüsse: Tiber (405 Kilometer), Liri-Garigliano (158), Aniene (99), Velino (90), Sacco (87)
- Wichtigste Seen: Lago di Bolsena (114,5 Quadratkilometer), Lago di Bracciano (57,5), Lago di Vico (12,1), Lago di Albano (6), Lago di Fondi (4,5), Lago di Fogliano (4,1), Lago di Sabaudia (3,9)
- Die Küste mit Halbinseln und Inseln ist 361,5 Kilometer lang
- Inseln: Ponza (9,8 Quadratkilometer); Ventotene (1,5), Palmarola (1), Zannone (0,9), Sankt Stefan (0,5), Gavi (0,4)
- Der höchste Gipfel: Monte Gorzano (2458 Meter)
- Latium umfasst insgesamt 378 Gemeinden.
- Von 378 Gemeinden haben 259 weniger als fünftausend Einwohner.
- Bevölkerungsdichte: 306 Einwohner pro Quadratkilometer
- Nationalparks in Latium:
  - Circeo-Nationalpark
  - Nationalpark des Gran Sasso und der Lagaberge
  - Nationalpark Abruzzen, Latium und Molise

16 Rom ist nicht nur eine wunderschöne Stadt der Künste, Hauptstadt der Antike und Wiege derzeitiger Mittelmeerkultur, sondern auch das Zentrum einer Region mit zahlreichen Stätten von historischer Bedeutung sowie faszinierenden Naturphänomenen, wie auf dieser Satellitenaufnahme zu sehen ist:

1 Rom
2 Bracciano-See
3 Martignano-See
4 Sabiner Berge
5 Guidonia
6 Tivoli
7 Fiumicino
8 Albaner See
9 Nemi-See
10 Albaner Berge
11 Aprilia
12 Pomezia
13 Ebene von Torvaianica
14 Lido di Ostia
15 Ostia Antica
16 Ebene von Cerveteri
17 Sabatiner Berge
18 Sabina

ROM

Alles beginnt mit dem Tiber. Blickt man von oben auf Rom, sieht man, wie die Schleifen des drittlängsten Flusses Italiens nacheinander Landschaften, Geschichtliches und Modernes abtasten. Die Biegung an der Tiberinsel, zwischen Trastevere und dem ehemaligen Ghetto, hütet die ältesten Brücken der Ewigen Stadt und die Erinnerung an ihre Geburt.
An dieser Stelle des Flusses ist das früheste Rom entstanden (Rumon oder Ruma bedeutete auf Etruskisch Wasser), wo man über eine Furt von den Ländereien der Etrusker im Norden zu den südlich gelegenen der Latiner gelangte. Gegenüber der Insel mündet die Cloaca Maxima in den Tiber, die zur Entwässerung der Senke zwischen dem Palatin und dem Kapitol führte und somit den Wandel der ersten Dörfer in eine wahrhaftige Stadt ermöglichte. Als Nachkommen der Etrusker und Meister im Wasserbau bezwangen die Römer den reißenden Tiber mit nicht weniger als acht Brücken. Der Ponte Fabricio und der Ponte Cestio gehen auf die Jahre 62 und 46 v. Chr. zurück. Der einzige erhaltene Bogen der Pons Aemilius über den Stromschnellen unterhalb der Tiberinsel ist 179 v. Chr. errichtet und 142 restauriert worden.
Viele Male stürzte die Brücke ein, auch als Michelangelo sie 1548/49 praktisch neu erbaute. Nicht rein zufällig hat der Wortwitz der Römer schon vor Jahrhunderten aus ihr den „Ponte Rotto" gemacht („zerbrochene Brücke").
Ein Kilometer weiter aufwärts erzählt die den Vatikan und die Innenstadt umfließende Schleife vom Gegensatz der beiden Mächte, die seit anderthalb Jahrhunderten in der Stadt nebeneinander existieren. Rechts des Flusses erheben sich die Kuppel des Petersdoms, die Mauern des Vatikans, das Mausoleum Kaiser Hadrians – die heutige Engelsburg – und die päpstlichen Gemäuer.
Hinter der Piazza Navona und dem Stadthafen von Ripetta auf der gegenüberliegenden Seite stehen die Paläste der weltlichen Macht, die nach dem letzten Gefecht um die Einigung Italiens an der Porta Pia zur Aufnahme der Regierung aus Florenz errichtet bzw. wiederhergestellt wurden. Während die Palazzi Montecitorio, Madama und Chigi ihre Funktionen mit der Geburt des modernen Italiens übernommen haben, ist der über ihnen thronende Quirinalspalast als Papstresidenz entstanden, um 1871 an den Savoyenkönig und schließlich an die Staatspräsidenten überzugehen.

24 links Durch den Ponte Fabricio und den Ponte Sestio mit dem Festland verbunden, lag es ausschlaggebend an der Tiberinsel, dass sich die Bevölkerung auf den zu beiden Seiten angrenzenden Hügeln ansiedelte.

24 rechts Das in den dreißiger Jahren gebaute Olympiastadion wurde anlässlich der Olympischen Spiele von 1960 in Rom um 54 000 Sitze erweitert. Nach den Umbauten für die Fußballweltmeisterschaft 1990 hat es eine Kapazität von 85 000 Zuschauern erreicht.

25 Als das Herz der Ewigen Stadt und der römischen Welt erstreckt sich das Forum Romanum bis zum Kolosseum. Es wird durch die Via dei Fori Imperiali von dem Stadtviertel Monti (dem antiken Suburra) und den im späten 19. Jahrhundert gebauten Vierteln getrennt.

27 Rom ist an der Tiberinsel entstanden, die über eine Furt leicht zu erreichen war. Heute trennt die Insel den Stadtteil Trastevere (links im Bild) vom historischen Zentrum, aus dem die Synagoge, der Altar des Vaterlandes und das Kapitol hervorragen. Weiter unten ist der Circus Maximus zu erkennen.

Heute befinden sich auf der rechten Seite des Flusses das Olympiastadion, der Fernsehsender RAI, der Justizpalast und die Restaurants von Trastevere. Wer jedoch die Politik verfolgt, versteht unter „oltre Tevere“ (abgeleitet von Tras-tevere, d.h. jenseits des Tibers) eine Anspielung auf den Vatikan.

Jede Flussbiegung erzählt eine andere Geschichte. Von Norden kommend nimmt die erste Schleife den Aniene in sich auf und berichtet von Roms jüngster Expansion mit den riesigen Gebäuden von Nuovo Salario, den Viadukten der Via Olimpica, der Moschee am Fuße des Monte Antenne, dem kleinen städtischen Flughafen und den Grünflächen, durch die ein Radweg führt, der Castel Giubileo und das Foro Italico miteinander verbindet.

Weiter flussabwärts berichtet der elegante Ponte Milvio aus dem Jahre 109 v.Chr. vom Sieg Konstantins des Großen über Maxentius, d.h. vom Wechsel der weltlichen Metropole in die Hauptstadt der christlichen Welt. Seit Jahrtausenden haben aus Nordeuropa kommende Pilger nach langer Reise über die Via Francigena seine Bögen überquert. Die nächste Biegung, bewacht von den Pinien und dem Observatorium des Monte Mario, kündet von der Bautätigkeit in der faschistischen Zeit und der sportlichen Seite der Stadt. Die Anlage des Foro Italico umringt das Olympiastadion, das für die Spiele von 1960 erbaut worden ist und in dem die Fußballbegegnungen von Rom und Latium stattfinden. Hiernach folgen die moderneren Brücken (die erste ist Königin Margarete gewidmet

28 links In der Zeit von 1889 bis 1910 erbaut, grenzt der beeindruckende Justizpalast (von den Römern „Palazzaccio“ genannt) die Piazza Cavour und die Prati-Viertel von den Rosskastanien an der Tiberpromenade ab. Hinter ihm, links des Tibers, erstreckt sich der historische Stadtkern.

und 1885 erbaut worden) und die hohen Travertin-Mauern, die nach einem Entwurf von Raffaele Canevari zwischen 1878 und 1900 errichtet worden sind und das Hochwasser daran hindern, die Stadt wie in früheren Tagen zu überschwemmen.
Die moderne Geschichte südlich vom Zentrum erkennt man an den Metallbogen des Ponte dell'Industria, Roms Herzstück während der Industrialisierung, und den weißen Travertin-Palästen des E.U.R.-Viertels, die ab 1936 als Sporthalle Palasport und für die Veranstaltungen der Olympiade von 1960 gebaut wurden. Lässt man die Metropole hinter sich, nimmt der Fluss eine kurvenreiche Reise zur Küste von Fiumicino und Ostia auf. Hier gilt es, etwas tiefer zu fliegen, um die vielen Plätze zu entdecken, die sich zwischen Kirchen und Palästen entfalten, auf denen mehr ägyptische Obelisken als in Kairo stehen, und die dem Rombesucher die bekanntesten Bilder der Stadt darbieten. Das berühmteste ist der Petersplatz. Berninis Kolonnaden aus dem 17. Jahrhundert breiten sich, wie der Segen Urbi et Orbi („der Stadt und der Welt"), den der Papst an Neujahr ausspricht, zu einer großen Umarmung aus.
Wird der Tiber überquert, gelangt man zu den Plätzen der politischen Macht (Piazza Montecitorio und Colonna) und den Schmuckstücken, welche die Touristen in Erstaunen versetzen – von der Piazza Navona (ursprünglich das Stadion Kaiser Domitians) bis hin zu den vollendeten Kulissen des Pantheons, der Piazza Farnese und des Trevi-Brunnens. Der von Michelangelo entworfene Kapitolsplatz wacht von oben über das Zentrum. Rechter Hand des Flusses liegt in Trastevere die Piazza Santa Maria, auf der die älteste, noch genutzte Basilika der Ewigen Stadt steht.
Wer Rom jedoch kennen und lieben gelernt hat, weiß genau, dass das Wesen und die Gegensätze der Stadt am besten auf den viel belebteren und beliebteren Plätzen zu erfassen sind, wo Monumente der Vergangenheit auf das moderne Leben treffen. Erwähnenswert sind die Piazza San Giovanni, auf der sich Demonstrationen, Rockkonzerte und Glauben im Einklang befinden, der Campo de' Fiori, ehemals Hinrichtungsstätte, heute Obst- und Gemüsemarkt und Ort des Nachtlebens, und die Piazza Vittorio Emanuele mit ihrem exotischen Garten und überfüllten Markt.
Ein Symbol für die tausend Gesichter Roms ist auch die Piazza Venezia mit ihren Staus, dem Ausblick auf die Kaiserforen, den Treppen von Aracoeli und dem Kapitol, dem Vittoriano und dem Balkon, von dem aus Mussolini seine Reden gehalten hat. Ferner die Piazza dei Cinquecento, Endstation von Bus und Bahn, Treffpunkt für Immigranten aus Asien, Osteuropa und Afrika, die nahe gelegene Piazza della Repubblica, die durch die Säulengänge und den Brunnen zur Piazza Esedra geworden ist, und die Piazza di Porta

28 Mitte Die Siegessäule des Kaisers Trajan, errichtet zur Erinnerung an den Sieg des Kaisers über die Daker, trennt die Piazza Venezia von den Kaiserforen. Sie wird von den Kuppeln der Kirchen Santa Maria di Loreto (16. Jahrhundert, unten im Bild) und Santissimo Nome di Maria (18. Jahrhundert) flankiert.

28 rechts Am Rande des Forum Romanum liegt die Kirche Santa Maria in Cosmedin, die, im siebten Jahrhundert errichtet, eine der ältesten Kirchen der Stadt ist. Zunächst Kultstätte der vor den Bilderstürmern geflüchteten Griechen, ist sie viele Male umgestaltet worden. Ihr steht nun ein schöner romanischer Glockenturm zur Seite.

San Paolo mit der Cestius-Pyramide, Roms antiker Stadtmauer und einem überlaufenen Bahnhof.
Der vollendete Gegensatz befindet sich jedoch zwischen der barocken Szenerie auf der Piazza del Popolo und dem Chaos des Piazzale Flaminio kurz hinter der Stadtmauer: auf der einen Seite Modegeschäfte, angesagte Bars, die Treppenaufgänge der Villa Borghese und Kirchen aus dem 17. Jahrhundert, auf der anderen Staus und reger Schienenverkehr, mit dem tagaus, tagein Tausende von Pendler ins Zentrum gelangen.
Im Laufe der Jahrhunderte hat sich die Stadt mehrfach verändert. Auf derselben Fläche sind nacheinander die mittelalterliche, die päpstlich-barocke Stadt, das neue „piemontesische" Rom und die moderne Metropole von heute entstanden. Besser von oben als von unten ersichtlich ist die Tatsache, dass die antike Stadt noch immer ein großes Stück von Rom einnimmt. Im Zentrum bilden die Kaiserforen, das Kolosseum, der Palatin und der Circus Maximus das größte innerstädtische archäologische Areal der Welt.
Jenseits der Cestia-Pyramide und den Caracalla-Thermen im Südwesten wird die Via Appia Antica, die sich fünfzehn Kilometer durch die Landschaft zieht, im Caffarellatal von den Bogen der Aquädukte Claudius und Felice gesäumt. Zum Meer hin befinden sich die Ruinen von Ostia Antica und das sechseckige Becken des Trajanshafens. Nur durch einen Blick aus der Luft vermag man die Länge und den hervorragenden Erhalt der Aurelianischen Mauern richtig zu würdigen, die zwischen 271 und 275 n. Chr. erbaut wurden und auf neunzehn Kilometern die größte Stadt der Antike umschlossen.
Und schließlich wird deutlich, dass Rom eine Stadt der Grünflächen ist. Um den Stadtkern verteilt befinden sich Strandkiefern, Herrenhäuser und die Alleen der Villa Borghese und Doria Pamphili, die von den großen Geschlechtern der Papststadt angelegt wurden, der Villa Torlonia, im frühen 19. Jahrhundert von einer Kaufmannsfamilie französischer Herkunft gebaut, und der Villa Ada, die ab 1872 für die Savoyenkönige instand gesetzt wurde.
Wertvolle, historische Grünflächen findet man ferner bei der Villa Celimontana, zwei Schritte vom Kolosseum entfernt, der Villa Sciarra auf dem Gianicolo und auf dem Monte Mario. Im weiteren Umland von Rom liegen siebzehn Parks und Naturreservate, die eine Gesamtfläche von 88 000 Hektar einnehmen. Der wissenschaftliche Wert dieser Gegenden spiegelt sich in den von Botanikern und Zoologen gezählten Arten der Fauna und Flora wider, darunter 1200 Pflanzen, 5000 Insekten, 152 Säugetiere, Vögel, Amphibien und Reptilien (u. a. Rehe, Schleiereulen und Stachelschweine). Doch das Grün der Via Appia Antica, der Naturschutzgebiete Veio, Decima-Malafede an der römischen Küste sowie in Roms Umgebung ist auch für den Menschen besonders kostbar. Wer an Geschichte interessiert ist, kann hier die einstige Landschaft der Campagna Romana mit den vielen berittenen Hirten und weidenden Schafherden entdecken.

31 Zur Feier der Einigung Italiens zwischen 1885 und 1911 gebaut, befindet sich auf halber Höhe des übergroßen Nationaldenkmals Vittorio Emanuele II. (auch Vittoriano genannt) der Altar des Vaterlandes und seit 1921 das Grabmal des Unbekannten Soldaten, das allen anonym im Ersten Weltkrieg Gefallenen gewidmet ist. Die Freitreppe führt hinunter auf die Piazza Venezia.

32 Der Aventin wird zusammen mit den vornehmen Grünanlagen des Giardino degli Aranci und des Roseto Comunale von Häusern, Kirchen und Klöstern eingenommen und liegt südlich der Kaiserforen und des Kapitols am Tiber. Das Tal mit dem Circus Maximus grenzt den Hügel von dem Palatin, den Kaiserforen und dem Kolosseum ab.

33 Die breite, von vielen Bäumen begrünte Piazza Mazzini, auf die acht Alleen zulaufen, stellt den Mittelpunkt des Prati-Viertels dar, das zu Beginn des 20. Jahrhunderts zwischen Tiber, Vatikan und Monte Mario entstanden ist. Links sind der Tiber und die Parkanlage der Villa Borghese, im Hintergrund die Kirchen der Innenstadt zu sehen.

34 Ab dem Jahre 130 n.Chr. zunächst als Grabmal für Kaiser Hadrian errichtet, dann im Mittelalter in eine stattliche Festung der Päpste umgebaut, liegt die Engelsburg direkt am Tiber und an der mit Engelsstatuen verzierten Engelsbrücke, die von Schülern Berninis geschaffen worden sind.

35 Im Norden des historischen Stadtkerns verläuft der Tiber genau zwischen dem Flaminio-Viertel (links im Bild) mit seinem auffälligen Marineministerium und dem Prati-Viertel. Auf den vor Anker liegenden Lastkähnen haben sich Sportklubs (Rudern ist ein viel praktizierter Sport auf dem Fluss) und Restaurants niedergelassen.

36 Erst der Blick von oben oder von einem Kahn aus ermöglicht es, die antike Engelsbrücke in ihrer ursprünglichen Form richtig würdigen zu können. Sie ist zwischen 133 und 134 n.Chr. gebaut worden, um das Mausoleum des Kaisers Hadrian (die heutige Engelsburg) mit dem Zentrum der Ewigen Stadt zu verbinden. Von der antiken Brücke sind drei mittlere Bogen erhalten geblieben.

37 Ihre Eleganz und Unverwechselbarkeit erhält die Engelsbrücke durch die zehn großen Engelsfiguren, welche die Symbole der Passion Christi tragen. Nachdem Gian Lorenzo Bernini (1598–1690), eine der Hauptpersonen des römischen Barock, ihre Entwürfe fertiggestellt hatte, sind diese von seinen Schülern umgesetzt worden.

38 Die Engelsburg, eines der bekanntesten Monumente Roms, verdankt ihren Namen einer Vision von Papst Gregor dem Großen, dem während einer Pestepidemie im Jahre 590 der Erzengel Michael erschien, der sein Schwert zum Zeichen in die Scheide zurücksteckte. Auf der Spitze des Bauwerks steht als Erinnerung daran eine große Bronzestatue.

39 Auf der Nahaufnahme kann man die verschiedenen Bauphasen der Engelsburg erkennen. Der kreisförmige Sockel gehört zum Grabdenkmal Hadrians, während die Mauern und der obere Teil im Mittelalter für die Päpste hinzugefügt worden sind. Der Garten wurde im 20. Jahrhundert angelegt.

40 Auf der Tiberinsel dominieren das stattliche Krankenhaus Fatebenefratelli (bzw. San Giovanni di Dio) und die Kirche San Bartolomeo all'Isola. Der Ponte Cestio verbindet die Insel mit Trastevere, der Ponte Fabricio mit dem historischen Zentrum und dem ehemaligen Judenviertel. Rechts sieht man die Überreste des Ponte Rotto.

41 Das Ghetto, Roms altes jüdisches Viertel, wird von der Kuppel der 1899 bis 1904 erbauten Neuen Synagoge überragt. Über die antiken Bauwerke hinaus (das bekannteste ist der Portikus der Oktavia) erinnert dieser Stadtteil an die jüdische Gemeinde Roms, die unter den Deportationen von 1943/44 gelitten hat, jedoch nicht völlig durch sie ausgelöscht wurde.

42 Die zwischen 1876 und 1900 nach einem Entwurf von Raffaele Canevari errichteten, hohen Mauern aus Travertin hindern den Fluss heutzutage daran, die Stadt regelmäßig zu überschwemmen. Bei den Stromschnellen am Fuße des Monte Cestio befindet sich der Kai für eine der vielen Anlegestellen der Stadt.

43 Der moderne Bau des Ponte Palatino von 1886 liegt gleich neben dem einzigen erhaltenen Bogen des Ponte Emilio, der ersten aus Stein gebauten Brücke des antiken Rom. Da sie mehrfach von den Strömungen umgerissen worden ist, nennen die Römer sie auch gerne „Ponte Rotto“ (wörtlich: zerbrochene Brücke).

44-45 Als geografisches und administratives Herz der Stadt geht das derzeitige Erscheinungsbild des Kapitols (heute befindet sich hier das Rathaus) auf das Jahr 1563 zurück, als der Platz und die um ihn liegenden Paläste von Michelangelo für Papst Paul III. entworfen worden sind. Der Hügel überragt das Tal und die antiken Bauwerke des Forum Romanum.

46 Senkrecht von oben auf das Kolosseum blickend, erkennt man die innere Struktur des riesigen Amphitheaters, das Platz für 50.000 Zuschauer hatte. Heute sind die Arena und ein Großteil der Tribüne zusammengefallen, sodass Licht in die unterirdischen Gänge, Zellen und anderen Räume fällt.

47 Zwischen dem Kolosseum und dem Forum Romanum ragen die Kirche Santa Francesca Romana (bzw. Santa Maria Nova), im 9. Jahrhundert errichtet und 1615 mit einer wunderschönen Fassade aus Travertin versehen, und der elegante Triumphbogen des Titus empor, der von seinem Bruder und Nachfolger Domitian als Denkmal zum Sieg des Kaisers Vespasian und seines Sohnes Titus über die Juden errichtet worden ist.

48 Zwischen dem Titus-Bogen und den drei erhaltenen Säulen des Vesta-Tempels liegen im engsten Teil des Forum Romanum die Überreste des Hauses der Vestalinnen. Links sind der Tempel des Antoninus und der Faustina, die heutige Kirche San Lorenzo in Miranda, und rechts die Mauern und Gärten des Palatins zu sehen.

49 Ein Blick aus der Luft von Süden her lässt die im 17. Jahrhundert angelegten Farnesischen Gärten auf dem Gipfel des Palatins und die enormen Bögen der Basilika Massenzio, die im Jahre 308 begonnen und von Kaiser Konstantin nach seinem Sieg im Kampf an der Milvischen Brücke fertiggestellt wurde, deutlich zum Vorschein kommen.

50 Die Torre delle Milizie ist im frühen 13. Jahrhundert erbaut worden und ragt über den Märkten und dem Forum des Kaisers Trajan empor, dem letzten und herrlichsten unter den Kaiserforen, das neben dem Forum Romanum liegt. Linker Hand sind die Siegessäule Kaiser Trajans und die Kirchen Santa Maria di Loreto und Santissimo Nome di Maria zu sehen.

51 Der Triumphbogen des Kaisers Konstantin ragt nur wenige Meter neben dem Kolosseum in die Höhe und stellt den größten Siegesbogen des antiken Roms dar. Im Jahre 315 zum zehnjährigen Regierungsjubiläum feierlich eingeweiht, ist er mit Basreliefs reich verziert, die an die Siege des Kaisers über die Daker und an der Milvischen Brücke erinnern.

52 Ab 54 v. Chr. nach und nach errichtet und im Mittelalter von einem Stadtviertel überbaut, sind die Cäsar-, Augustus-, Trajan- und Nerva-Foren (bekannt als die Kaiserforen) 1924 wieder ausgegraben und ans Tageslicht gebracht worden, um dann erneut zum Teil von der Via dell'Impero, der heutigen Via dei Fori Imperiali, verdeckt zu werden.

53 Das Forum des Kaisers Trajan (oben im Bild) und das Augustus-Forum sind die besterhaltenen Kaiserforen. Eine hohe Befestigungsmauer trennt das Augustus-Forum, in dessen Mitte das Podest des Tempels Mars Ultor steht, von den mittelalterlichen und modernen Gebäuden des Monti-Viertels.

53

54 Auf der ebenen Fläche des Palatin-Gipfels lag im 8. Jahrhundert v. Chr. eines der Dörfer, aus dem später Rom entstanden ist und auf dem heute die Reste der kaiserlichen Paläste, wie die Domus Flavia, Domus Augustana und Domus Severiana, stehen. Innerhalb des auf dem Bild deutlich sichtbaren Stadions liegt ein ovales Gebilde, der „Recinto di Teodorico".

55 Zwischen dem Palatin und dem Aventin gelegen, war der Circus Maximus für das antike Rom die große Pferderennbahn. Unter König Tarquinius Priscus entstanden, ist er viele Male umgebaut worden (die letzten Male unter Trajan, Caracalla und Konstantin); es sind zwar keine Ruinen erhalten, doch bietet er einen stimmungsvollen Platz für Konzerte und Veranstaltungen.

56 Die lange Achse der Via del Corso teilt die historische Altstadt in Richtung Piazza Venezia und dem Denkmal Vittorio Emanuele II. Rechts davon ist der Palazzo Montecitorio zu sehen, 1650 errichtet und 1871 zur Abgeordnetenkammer umgebaut.

57 Seine große, durchbohrte Kuppel macht das Pantheon unverwechselbar. Der Tempel ist ab 27 v.Chr. von Marcus Vipsanius Agrippa erbaut, später von Hadrian umgebaut und schließlich 609 in eine christliche Kirche umgewandelt worden. Heute beherbergt das Monument die Grabmäler der Savoyerkönige und von Raffaele Sanzio.

58 Die Kirche Santo Stefano Rotondo auf dem Celio gehört zu den ältesten Roms (sie ist von Papst Simplicius zwischen 470 und 480 geweiht worden) und basiert auf einem für die frühchristlichen Basiliken Ravennas typischen, kreisrunden Grundriss.

59 Die Dächer und Kuppeln der nur zu Recht als solche getauften „Renaissancestadt" verteilen sich vom Pantheon bis hin zum Vittoriano und Kapitol. Zu sehen sind überdies die Fassaden der Kirchen Santa Maria Sopra Minerva (rechts vom Pantheon) und Sant'Ignazio.

60-61 Mit einer einzigen Aufnahme kann man einige der wichtigsten städtebaulichen Eingriffe, die nach der Einigung Italiens unternommen wurden, erfassen, wie z.B. die Tiberdämme und den Corso Vittorio Emanuele II. Der Justizpalast, links im Bild, geht auf die gleiche Zeit zurück.

62 An der Stirnseite der Piazza del Popolo werden die drei Einfahrten in die Via del Babuino, Via del Corso und Via di Ripetta von den Zwillingskirchen Santa Maria di Monte Santo (oben) und Santa Maria dei Miracoli voneinander getrennt. Beide sind auf der Grundlage von Zeichnungen Berninis zwischen 1662 und 1679 erbaut worden.

63 Von Giuseppe Valadier zwischen 1816 und 1824 angelegt, ist die Piazza del Popolo einer der größten und beliebtesten Plätze Roms. Von der Porta del Popolo an der Nordseite (unten im Bild) begrenzt, Ausgangspunkt der antiken Via Consolare nach Umbrien und den Marken, steht in ihrer Mitte ein ägyptischer Obelisk aus Heliopolis.

64 Im 17. Jahrhundert auf dem ehemaligen Stadion des Kaisers Domitian angelegt, ist die Piazza Navona einer der schönsten und berühmtesten Plätze des barocken Rom. Mit 240 Metern Länge und 65 Metern Breite wird sie von drei Brunnen, dem Vier-Ströme-Brunnen, der Fontana del Moro und der Fontana del Nettuno, unterteilt und von der Kirche Sant'Agnese in Agone überragt.

65 Die gerade Achse des Corso Rinascimento grenzt die Piazza Navona mit ihren Brunnen und der Kirche von dem Palazzo Madama, dem Sitz des Senats, und der Kuppel des Pantheon ab. Auf der anderen Seite des Platzes (unten im Bild) befindet sich die Kirche Santa Maria dell'Anima.

66 Der Vier-Ströme-Brunnen in der Mitte der Piazza Navona, eines von Berninis bekanntesten Werken, ist 1651 erbaut worden. Ein pseudoägyptischer Obelisk aus dem Circus des Maxentius steht mittig, während am Sockel vier Statuen angebracht sind, welche die Flüsse Nil, Ganges, Rio de la Plata und Donau symbolisieren.

67 Am südlichen Ende der Piazza Navona verbindet die Fontana del Nettuno ein aus dem 16. Jahrhundert stammendes Becken von Giacomo della Porta mit den drei Jahrhunderte später erschaffenen Skulpturen von Antonio della Bitta (Neptun im Kampf mit einem Kraken, in der Mitte) und Gregorio Zappalà.

68 Die einzigartige Treppe Trinità dei Monti, 1723–26 von Francesco de Sanctis in Travertin gebaut, führt hinauf zur gleichnamigen Kirche und ist Teil des außerhalb gelegenen, französischen Komplexes der Villa Medici. Im Mai verschönern Azaleen die Spanische Treppe.

69 Am unteren Ende der Treppe Trinità dei Monti dehnt sich im Schatten die Piazza di Spagna nach hinten hin aus. Von der Sonne beschienen ist oben die aus dem 16. Jahrhundert stammende Villa Medici zu sehen, Sitz der Französischen Akademie, mit ihrem prachtvollen Garten, der an den Park der Villa Borghese angrenzt.

CLEMENS XII PONT MAX
AQVAM VIRGINEM
COPIA ET SALVBRITATE COMMENDATAM
CVLTV MAGNIFICO ORNAVIT
ANNO DOMINI MDCCXXXV PONTIF VI

70 Als tägliches Ziel tausender Touristen aus aller Welt stellt der Trevi-Brunnen den Endpunkt des Aquädukts Acqua Vergine in Rom dar. Von Bernini 1640 mit dem Bau begonnen, wurde der Brunnen zwischen 1732 und 1761 von Nicola Salvi vollendet.

71 Der kleine Platz mit dem Trevi-Brunnen öffnet sich am Fuße des Quirinals. Dahinter sieht man die aufgrund ihrer vielen Säulen als „il Canneto di Martino" (wörtlich: „Martins Röhricht") bekannte Fassade der Kirche Santi Vicenzo e Anastasio (1650 von Martino Longhi d. J. entworfen).

72-73 Im Trevi-Brunnen auf einer aus steinernen Blöcken gehauenen Treppe ziehen in der Mitte des Amphitheaters zwei große Pferde („das wilde Pferd" und „das ruhige Pferd") die in einer muschelförmigen Kutsche sitzende Ozeanfigur, unter der das Wasser hervorströmt.

74 Auf der Piazza Colonna, dem politischen Zentrum Roms bzw. Italiens, erhebt sich die zwischen 180 und 196 n. Chr. aufgestellte Ehrensäule des Kaisers Mark Aurel, der 1558 eine Statue des Apostel Paulus aufgesetzt wurde. Hinter der Säule ist im Palazzo Chigi der Amtssitz des Ministerpräsidenten untergebracht.

75 Der zu den schönsten der Renaissancestadt zählende Palazzo Farnese liegt an der gleichnamigen Piazza und beherbergt den Sitz der Französischen Botschaft. Im Jahre 1514 ist der Bau von Antonio da Sangallo begonnen, von Michelangelo fortgesetzt und von Giacomo della Porta beendet worden. Den Innenraum schmücken Fresken von Annibale Carracci.

76 Der zwischen dem 16. und 17. Jahrhundert als päpstliche Residenz (Clemens VIII. wohnte bereits seit 1592 darin) errichtete Quirinalspalast wurde 1870 zur Residenz der Könige und später der Ministerpräsidenten. Für die Öffentlichkeit ist er nicht zugänglich. In dem nahe gelegenen Marstall werden heute beachtenswerte Ausstellungen gezeigt.

77 Zwischen dem Kolosseum und den Caracalla-Thermen liegt auf der Anhöhe des Celio die Villa Celimontana. In dem Anwesen ist die „Società Geografica Italiana" untergebracht. Die Gewächshäuser rechts im Bild gehören zur Pflanzenschule San Sisto und werden vom städtischen Gartenpflegedienst genutzt.

78 Neben dem Circus Maximus gelegen, hat der Palatin mit seinen gewaltigen Bögen aus Kaiserzeiten einst die Domus Severiana getragen, eine Erweiterung der zur Zeit von Septimius Severus gebauten kaiserlichen Paläste. Die Bauten auf der oben liegenden Terrasse gehören zur Domus Augustana.

79 Die eindrucksvollen Caracalla-Thermen wurden in der Zeit von 212 bis 217 n. Chr. gebaut und waren noch im 7. Jahrhundert in Betrieb, bis die Wasserzufuhr unterbrochen und die Thermen unbenutzbar wurden. Im Inneren sind einige herrliche Skulpturen gefunden worden, wie beispielsweise der heute im Nationalmuseum von Neapel zu bewundernde Toro Farnese.

80 Die Diokletiansthermen nahe der Stazione Termini sind zwischen 298 und 306 n. Chr. erstellt und im 16. Jahrhundert zum Kartäuserkloster umgebaut worden. Heute sind dort die Sammlungen und Restaurierungswerkstätten des römischen Nationalmuseums untergebracht.

81 Das Mausoleum des Augustus, in dem auch die Gebeine seiner Familie liegen, befindet sich zwischen der Via del Corso und dem Tiber und wird von Zypressen umringt. Im Umfeld liegen der Ara Pacis Augustae, die Kirche San Rocco und andere mit Säulen versehene Gebäude aus der Zeit des Faschismus.

82-83 Zwischen dem Quirinal (links) und der Via del Corso wechseln sich barocke, aus dem 19. Jahrhundert stammende und moderne Gebäude ab, wie das Postgebäude auf der Piazza San Silvestro, unten im Bild zu sehen. Rechts nur zum Teil abgebildet ist der Palast Montecitorio.

84 Zwei stattliche Bronzequadrigen krönen das Nationaldenkmal Vittorio Emanuele II. (das Vittoriano), das an der Piazza Venezia steht. Dahinter schließen sich die Kirche Santa Maria di Aracoeli und das Kapitol an, die durch zwei verschiedene Freitreppen mit der Piazza Venezia verbunden sind.

85 Mittels einer Frontalsicht auf das Vittoriano, das komplett aus Marmor aus Botticino (bei Brescia) besteht, wird begreiflich, warum ihm die Römer den Spitznamen „Schreibmaschine" gegeben haben. Aufgrund der Ausmaße des ganzen Komplexes fügt es sich nur mäßig in die schönsten antiken und Renaissance-Monumente der Stadt ein.

86 Das Mosaikpflaster auf dem Vorplatz des Foro Italico wurde zwischen 1928 und 1937 angelegt und gedenkt, ebenso wie die auf diesen Platz zulaufende Allee, mit seinen Mustern der wichtigsten Daten des Imperiums und der italienischen Republik.

87 Das neue Auditorium (auch „Città della Musica"), nach Entwürfen von Renzo Piano errichtet und 2002 eingeweiht, ist eines der wenigen Beispiele moderner Architektur in Rom. Der Bau befindet sich neben dem Stadio Flaminio und dem olympischen Dorf von 1960.

88 Das am Waldrand unterhalb des Monte Mario gelegene Olympiastadion ist zur Zeit des Faschismus entstanden, 1960 für die Olympischen Spiele umgebaut und anlässlich der Fußballweltmeisterschaft 1990 mit einer eleganten Dachkonstruktion versehen worden. Links im Bild ist das Außenministerium zu sehen.

89 Hinter der Tribüne und dem Dach des Olympiastadions kommen die Statuen und die Zuschauerränge aus Travertin des Stadio dei Marmi zum Vorschein. Zur gesamten Anlage des Foro Italico gehören überdies zwei Schwimmbecken, Tennisplätze für die internationalen Masters-Series-Turniere und einige andere Gebäude.

DIVELLA
Bell Bottom

90 Der aus dem 20. Jahrhundert stammende Gebäudekomplex Buon Pastore mit seiner beeindruckenden Architektur befindet sich in der Via Bravetta über dem Casali-Tal, einem mit Gemüsegärten und Anbaufeldern durchsetzten Naturreservat der Region, das 469 Hektar umfasst.

91 Im Tal der Tiberinsel liegen direkt am Fluss der Komplex San Michele, in dem heute Tagungen stattfinden, und die Kais der Ripa Grande, an dem schon seit Jahrhunderten die Schiffe aus Ostia oder vom Meer kommend anlegen. Hinter San Michele sind die Kirchen und Plätze von Trastevere zu erkennen.

92 Zwischen dem Gianicolo, dem Monteverde-Viertel und der Via Aurelia Antica liegt der zur Villa Doria Pamphili gehörende Park. Er gilt als die größte Grünanlage Roms. Ab 1644 erbaut, als Giovanni Battista Pamphili zum Papst Innozenz X. gewählt wurde, ist die Villa 1968 bis 1971 von der Stadt Rom aufgekauft worden.

93 Im Herzen der Anlage der Villa Doria Pamphili liegt das 1652 fertiggestellte, elegante Casino del Bel Respiro (auch Villa Algardi genannt). Heute ist es im Gegensatz zum restlichen Park nicht im Besitz der Stadt Rom, sondern des Ministerpräsidenten und somit der Öffentlichkeit nicht zugänglich.

94 Die Vatikanischen Museen, zu denen die Sixtinische Kapelle und die außergewöhnlichen Archäologie- und Kunstsammlungen gehören, bilden zusammen mit dem Petersdom und der Aula Pauls VI. den für die Öffentlichkeit normalerweise zugänglichen Teil der Vatikanstadt.

95 Die hinter dem Petersdom liegenden Vatikanischen Gärten sind der verborgenste Bereich der Vatikanstadt. Der kleine, durch die Lateranverträge vom 11. Februar 1929 anerkannte Kirchenstaat (0,44 Quadratkilometer) schließt auch die Basiliken San Giovanni, Santa Maria Maggiore und San Paolo ein.

96 Die dreizehn 5,70 Meter hohen, glanzvollen Statuen, die Christus und die zwölf Apostel darstellen, krönen die Fassade des Petersdoms und scheinen auf den gleichnamigen Platz hinunterzublicken, der sonntags und an den wichtigsten religiösen Feiertagen von Gläubigen aus aller Welt zu Tausenden bevölkert wird.

97 Vom Petersdom aus betrachtet scheinen die zwischen 1656 und 1667 nach Entwürfen von Bernini errichteten Kolonnaden Rom und die ganze Welt umarmen zu wollen. Der Bau besteht aus 284 Säulen und 88 Pfeilern und wird von 140 Heiligenstatuen gekrönt. In der Mitte steht ein ägyptischer Obelisk, der auf Befehl Kaiser Caligulas nach Rom gebracht worden ist.

98 Die Porta San Paolo befindet sich am Ausgangspunkt der antiken Via Ostiense und neben der bestaunenswerten Cestius-Pyramide, die als Grabmahl für Gaius Cestius im Jahre 12 v.Chr. gebaut worden ist. Die Ereignisse von 1943, als römische Soldaten und Zivilisten auf dem Platz mit deutschen Truppen zusammenstießen, gelten als der Beginn der italienischen Widerstandsbewegung.

99 Im nördlichen Teil der Stadt verläuft der Tiber zwischen dem Flaminio-Viertel (links im Bild) und dem Prati-Viertel hindurch.

100-101 Die Porta San Sebastiano, in deren Ausstellungsräumen die Geschichte der römischen Stadtmauern dokumentiert wird (Museo delle Mura), ist ein Teil der Aurelianischen Mauer und stellt den Anfang der Via Appia Antica dar, die in Richtung der Castelli Romani, nach Terracina, Capua und den apulischen Häfen von Brindisi und Taranto verlief.

102 Die Basilika San Paolo Fuori le Mura ist auf Geheiß von Kaiser Augustus entstanden, 1823 fast vollständig durch einen Brand zerstört und im 19. Jahrhundert komplett neu erbaut worden (1854 geweiht). Schon immer ist sie ein wichtiges Ziel für Touristen und Gläubige gewesen.

103 Nach ihrer Gründung im Jahre 311 durch Papst Miltiades fand in der Basilika San Giovanni in Laterano fünfmal ein Konzil statt und diente den Päpsten bis zum Bau des Quirinals als Residenz. Beeindruckende Statuen aus Travertin geben der Fassade, die 1735 nach Entwürfen von Alessandro Galilei errichtet worden ist, einen krönenden Abschluss.

104 Die Bögen der Aquädukte, die das antike Rom einst versorgten, sind auch heute noch ein wesentliches Landschaftselement der Campagna Romana und der südlichen Stadtteile Roms. Die zu den Castelli Romani führende Via Tuscolana kreuzt das zwischen 38 und 52 n. Chr. gebaute Claudius-Aquädukt.

105 Vier Bögen ermöglichen die Durchfahrt unter der Aurelianischen Mauer in Richtung der Via Cristoforo Colombo, des E.U.R.-Viertels und Ostia. Die zwölf Kilometer lange kaiserliche Ringmauer ist eines der beeindruckendsten und dennoch am wenigsten bekannten Bauwerke der Stadt.

106-107 Das E.U.R.-Viertel, das seinen Namen der Weltausstellung „Esposizione Universale di Roma" von 1942 verdankt (aufgrund des Krieges abgesagt), ist der bekannteste der modernen Stadtteile Roms. Abgesehen von der Kirche Santi Pietro e Paolo ist auf dem Bild auch der Palazzo della Civiltà del Lavoro zu erkennen, der Palast der Arbeit mit Spitznamen „Colosseo quadrato" („quadratisches Kolosseum").

LANDSCHAFTEN

Latiums bekanntestes Naturereignis spielt sich gleich hinter Roms Autobahnring ab. Von den Hügeln der Stadt genießt man eine wunderbare Aussicht auf die Albaner Berge mit ihrem 949 Meter hohen Gipfel des Monte Cavo. Im unteren Teil werden die Vulkanberge von Weinhängen, im oberen von Kastanien- und Eichenwäldern bedeckt, wo sie eine herrliche Panoramasicht auf den Apennin und die Küste eröffnen. In ihrer Mitte liegen der außergewöhnlich tiefe Nemi- und der Albaner See.

Über Jahrhunderte haben Reisende wie Schriftsteller die Landschaft um die Albaner Berge (auch Castelli Romani genannt) gepriesen. „Velletri liegt sehr angenehm auf einem vulkanischen Hügel, der nur gegen Norden mit andern zusammenhängt, über drei Himmelsgegenden aber den freisten Anblick gewährt", schrieb Goethe in seiner *Italienischen Reise*. Stendhal hingegen huldigt dem Örtchen Ariccia mit seinen braunen, fast schwarzen Felsen, die in unterschiedlichsten Formationen aus der umliegenden Vegetation emporwachsen.

Und während Gioacchino Belli in einem Sonett den Albaner See, ein schon im 19. Jahrhundert beliebtes Ausflugsziel, als den letztgültigen Grund allen Daseins würdigte, hat Lord Byron den von bewaldeten Anhöhen beschützten Nemi-See in Versform gerühmt und ihn als eine ovale, spiegelglatte Oberfläche beschrieben, auf der sich bei herben Winden allenfalls ein paar Wellen kräuseln. Die von den „Feuerbergen" geschaffenen Anhöhen nehmen einen erheblichen Teil Latiums ein. Während die Albaner Berge, die durch die Eruptionen von vor 700 000 bis 30 000 Jahren entstanden sind, südlich von Rom liegen, erheben sich im Norden die Vulkane Sabatino, Cimino und Volsinio, die den Bracciano-, Vico-, Martignano- und Bolsena-See umschließen.

Vulkanauswürfe wie Tuffstein und Puzzolanerde kommen in den verschiedensten Gegenden Latiums vor, beispielsweise auf Roms sieben Hügeln, durch die sich der Tiber sein Flussbett geebnet hat, sowie auf den Hochebenen und in den tiefen Tälern mit den Etruskernekropolen von Tarquinia, Cerveteri, Veio und Tuscania. Der mit herrlichen Buchenwäldern überzogene, antike Vulkan Monte Cimino ist jener, der über Viterbo wacht und als einzige Anhöhe der umgebenden Hügellandschaft tausend Meter überschreitet.

108 links Der Nationalpark des Gran Sasso und der Lagaberge ist einer der weitläufigsten Italiens. Nur fast vollständig auf abruzzischem Gebiet liegt ein Teil des Parks in der Provinz Rieti, zu der die besagten Lagaberge gehören.

108 rechts Der Archipel Ponziano besteht aus zwei Inselgruppen: Zur westlichen zählt u. a. die Insel Palmarola (Latina), die wie die anderen vulkanischen Ursprungs ist.

109 Der Gipfel des Terminillo, bis ins späte Frühjahr verschneit und von dichten Buchenwäldern umgeben, beherrscht mit seinen 2216 Metern Höhe das Industriegebiet von Rieti, die Via Salaria, die zur Schlucht des Velino führt, und die Anbaufelder des Turano-Tals.

111 Blendend weiße Klippen aus brüchigem Tuffstein stürzen an vielen Stellen der Insel Ponza (Latina), der größten des Pontinischen Archipels, in das Tyrrhenische Meer. Einstmals als Gefängnisse genutzt, sind die Inseln heute bei Badeurlaubern sehr beliebt.

Auch Latiums nahezu schönste Naturreservate Marturanum von Barbarano Romano und Valle del Treja, das unter dem Schutz der mittelalterlichen Ortschaft Calcata steht, liegen inmitten von Tuffsteintälern. Vulkanischen Ursprungs sind überdies die Karren von Civita di Bagnoregio und die rauen Tolfa-Berge bei Civitavecchia und Tirreno, wo die Kühe der Maremma grasen. Ferner der Nationalpark La Selva del Lamone an der Grenze zur Toskana mit seinen „murce" genannten Lavahäufchen.

An die ebenerdigen Kochstellen der Antike erinnern die Thermalquellen von Viterbo (die schönsten liegen gleich vor den Toren der päpstlichen Stadt) und die kleinen „Vulkänchen" – der bekannteste ist die Caldara von Manziana –, die umgeben von Wäldern und Schluchten auf den Anhöhen Latiums vor sich hinbrodeln.

Der fruchtbare Boden und die naturbelassenen Schluchten des vulkanischen Territoriums schaffen einen idealen Lebensraum für Tiere und seltene Pflanzen, wie z. B. Aasgeier, die früher in der Maremma sehr verbreiteten Schmutzgeier und Schlangengeier sowie ein Dutzend Arten wilder Orchideen.

Doch neben dem Latium der Vulkane gibt es zudem das Latium der Gewässer. Der Tiber fließt zwischen dem Tuffgesteingebirge von Bolsena, Cimino, Bracciano und Vico und dem kalksteinhaltigen Apennin hindurch bis in die künstlichen Becken von Nazzano und Alviano, wo Enten, Reiher und Wasserhühner Rast machen. Über den Flussschleifen ragt der Kalksteinberg Soratte empor, eine nur 691 Meter hohe Erhebung, die von Aussichtspunkten, mittelalterlichen Einsiedeleien und Grotten übersät ist.

112 links Kornfelder, Weinberge und Obstgärten gestalten das Hügelland am Übergang der Campagna Romana zur Ciociaria. Durch den rasant fortschreitenden Bau von Wohnungen, Einkaufszentren und Industriegebieten verändern sich Landschaften wie diese in Windeseile.

Die Sümpfe zwischen Rom und der Küste, die einst die Festung von Ostia umringten, sind ab 1884 von Technikern und Arbeiterschaften aus Ravenna urbar gemacht worden. Aus der Luft betrachtet stellen die ursprünglich anmutenden Moorlandschaften von Maccarese, Ostia und Focene eine ideale Gegend für Vogelbeobachter dar. Mäander, Wasservögel und Schilfrohr bestimmen das Bild zwischen der Ciociaria und der Grenze zur Campania, in den Tälern der Flüsse Garigliano und Liri und am glasklaren Posta-Fibreno-See. Auf diesem 45 Meter tiefen See schwimmt eine Insel aus Torf, toten Pflanzen und Schilf, die sich je nach Windrichtung hin- und herbewegt. Das Herz des wasserreichen Latiums sind jedoch die vier Küstenseen (Fogliano, Monaci, Caprolace und Sabaudia) im Circeo-Nationalpark. Doch unterlag auch diese Landschaft gewissen Veränderungen.
„Endlich öffnete sich der Wald ... Vor mir lag das strahlende Schauspiel der Maritima, das weite pontinische Sumpfland, ein in sanftesten Farben glühender Teppich, das von der Sonne vergoldete Meer, die fernen Ponza-Inseln in seiner strahlenden Flut... Der Anblick dieses Gemäldes, eines der schönsten, welches Italien überhaupt besitzt...", schrieb Mitte des 19. Jahrhunderts der deutsche Literat und Verehrer Roms und Latiums Ferdinand Gregorovius. In den inzwischen vergangenen anderthalb Jahrhunderten ist diese derbe und zugleich bezaubernde Landschaft trockengelegt und in eine fruchtbare landwirtschaftliche Fläche verwandelt worden, die später immer größere Industrieanlagen hat heranwachsen sehen. Lediglich 3260 Hektar Zerreichen, Stieleichen und Hainbuchen sind noch von der antiken Selva del Circeo erhalten. Der 1934 gegründete Park umfasst den Forst, die Seen, die lang gezogene Düne und das Kalkstein-Vorgebirge des Circeo und wird zum Meer hin von den aufstrebenden Felsen des Precipizio geschützt.

Mit einer kurzen Fahrt auf dem Schiff erreicht man Zannone, die einzige der Pontinischen Inseln, die unter Naturschutz steht. Kalkriffs, Mufflons, antike Ruinen und Steineichen von gigantischem Ausmaß machen sie zu einem faszinierenden Reiseziel. Auf Ponza, Palmarola, Ventotene und Santo Stefano taucht der Tuffstein wieder auf, der dort beeindruckende Riff- und Klippengebilde hinterlassen hat.
Und wieder einmal ist es der Kalkstein, der Latiums schönste und höchste Klippen gebildet hat, die sich an der Küste von Terracina und Sperlonga entlangziehen, den Verlauf der römischen Via Flacca bestimmen und dem Vorgebirge von Gaeta, dessen

112 Mitte Der schneebedeckte Gipfel des Terminillo in der Nähe von Rieti (Mitte bzw. vorne links im Bild) wird im Winter vornehmlich von Skialpinisten und Bergsteigern aufgesucht. Die Seilbahnen und Skilifte, die dieses Gebiet berühmt gemacht haben, enden auf dem Teminilletto (rechts). Im Hintergrund ist das Gebirgsmassiv des Monte Elefante zu sehen.

112 rechts Weniger bekannt als die Urbarmachung von Agro Romano und der Pontinischen Ebene ist die des Talkessels von Rieti, die bereits von den alten Römern begonnen wurde und tausende Hektar fruchtbarster Gegend geschaffen hat. Reste der einstigen Sumpflandschaft sind noch im Naturreservat der Seen Lungo und Ripasottile vorhanden.

Festungsmauern die letzte Gegenwehr der Bourbonen miterlebt haben, Schutz vor dem offenen Meer bieten.
Von der Wallfahrtskirche Montagna Spaccata führt eine Treppe die Touristen in die Grotta del Turco hinunter, ein riesiger, unmittelbar am Meer gelegener, natürlicher Bogen. Kletterer aus ganz Europa steigen gerne den anstrengenden Pfad der über einhundert Meter senkrecht abfallenden Kluft hinab. Da auch Wander- und Turmfalken hier heimisch sind, ist ein Teil der Klippen als Vogelschutzgebiet Riviera di Ulisse vorgesehen.
Der restliche Teil Latiums besteht fast ausschließlich aus Bergen. Die beiden Bergregionen Campagna Romana und Ciociaria sind die einzigen, die Rom und die Küstenberge von den Hängen des Apennins trennen, der sich über hundert Kilometer an der Grenze zu den Abruzzen entlangzieht. Unter den Reisenden von früher sehr bekannt und reich an historischen Orten und Monumenten, sind die Ciociaria und die Campagna vom allgemeinen Fortschritt verunstaltet worden, der Straßen, Gruben, Industrie, Bahnschienen und rücksichtslos expandierende Städte mit sich gebracht hat. Sowohl für die Tuffsteinschluchten und Karstbrunnen der Campagna Romana (der Pozzo del Merro in der Nähe von Guidonia ist bis auf 392 Meter Tiefe erforscht worden) als auch für die Karstseen und Schluchten der Ciociaria stellen die Berge ein prächtiges Hintergrundpanorama dar. Im Süden zwischen der Ciociaria und dem Meer ragen die Lepini-, Ausoni- und Aurunci-Gebirge empor, zwischen dem Turano- und Saltosee der Bergrücken von Navegna. Ausflügler aus Rom haben eine Vorliebe für die Lucretili-Berge, die auf östlicher Seite die Campagna Romana abschließen und über die Villa Adriana in Tivoli wachen. Hier wachsen botanische Raritäten wie der Amerikanische Amberbaum, aus dem man ein weihrauchähnliches Harz gewinnt. In den Felsen des Monte Pellecchia, dreißig Kilometer Luftlinie von Rom entfernt, nistet der Steinadler. Und wenige Kilometer weiter bergauf ist man auf den höchsten Gipfeln angekommen.
Im südlich gelegenen Simbruinier und Ernici-Gebirge entspringen die Quellen des Aniene und stößt man auf das Benediktinerkloster von Subiaco. Auf 256 Metern liegt der Gipfel des Monte Viglio, auf dem sich überwältigende Hochebenen und Weideflächen ausdehnen. Weiter im Norden liegen in harmonischer Zweisamkeit die Monti della Duchessa mit dem gleichnamigen See und das vom Gianicolo aus erkennbare Abruzzenmassiv Velino nebeneinander. Das für seine Skipisten allseits bekannte Kalksteinmassiv des Terminillo richtet sich mit 2214 Metern Höhe über Rieti und Sabina auf. Noch etwas höher recken sich die Lagaberge empor, Latiums einzige aus Sand und Mergel bestehende Berge, wo die Ströme der Eisschmelze zu aufsehenerregenden Wasserfällen mutieren. Der Monte Gorzano, das 2458 Meter hohe Dach des Lagamassivs und ganz Latiums, liegt an der adriatischen Küste und gehört wie die Gipfel des Gran Sasso zu einem wundervollen Nationalpark. Um sie zu erklimmen, muss man sich jedoch über die Abruzzen annähern.

115 Die für den Weinanbau ideale, fruchtbare vulkanische Erde am Fuße der Albaner Berge und des apenninischen Kalkmassivs im Osten der Campagna Romana wird von tiefen Tuffsteintälern, die mit undurchdringlichem Dickicht bedeckt sind, zerteilt.

116-117 Das Vulkanmassiv der Albaner Hügel, deren höchster Gipfel des Monte Cavo auf 949 Metern liegt, ist auf der Rom zugewandten Seite größtenteils besiedelt und kultiviert, während es zur Ciociaria und den Lepini-Bergen hin noch von dichten Wäldern bewachsen ist. Das am weitesten verbreitete Öl auf diesen Anhöhen ist das Kastanienöl.

118 Um die zwanzig Kilometer von Roms Autobahnring entfernt, zwischen der Benediktinerabtei Farfa und Nazzano, schneiden sich die Windungen des Tibers durch die Landschaft. Ungeachtet der Nähe zur „Autostrada del Sole" („Sonnenautobahn") und der Eisenbahnlinie Rom-Florenz ist die Region für Naturforscher von außergewöhnlich hohem Interesse.

119 Der Albaner See ist die größte der spiegelglatten Wasserflächen, die in den einstigen Kratern der Albaner Berge entstanden sind, und dehnt sich auf 293 Metern Höhe zwischen den Ortschaften Albano, Castel Gandolfo (das im Hintergrund erscheint) und Marino aus. Das Kloster Palazzolo hebt sich deutlich vom Wasser ab.

120 Die von Zypressen gesäumten Straßen, die die Landschaft von Tarquinia (Viterbo) zerteilen, erinnern daran, dass die an der Küste liegende und zu den Provinzen Viterbo und Rom gehörende Region Maremma ganz in der Nähe der bekannteren toskanischen Maremma liegt. Auf beiden Seiten werden die Felder von ausgedehnten Weideflächen flankiert.

121 Die Strandkiefern mit ihren breiten, Schatten spendenden Wipfeln stehen entlang der Straßen Roms und Latiums am häufigsten. Aufgrund weitläufiger Landwirtschaftsflächen, die wie Marcigliana und Decima Malafede unter dem Schutz von Naturparks stehen, bleiben auch innerhalb des großen Autobahnrings von Rom solche Gegenden erhalten.

122 Die noch schneebedeckten Gipfel der Berge im Nationalpark Abruzzen, Latium und Molise bilden den Hintergrund für die Hügel des Comino-Tals in einer der eindrucksvollsten Ecken der Ciociaria. In dem unter Naturschutz stehenden Posta-Fibreno-See kommt das Bergwasser ans Tageslicht.

123 Trotz Roms fortschreitender Expansion bewahren die Gegenden am Fuße der Castelli Romani über ein weitläufiges Terrain das Bild einer antiken und beeindruckenden Agrarlandschaft aus Obstgärten, Anbaufeldern und Weinbergen, deren Trauben zu ausgezeichneten Rot- und Weißweinen verarbeitet werden.

124 Die dicht bewaldeten, düsteren Bergketten der Sabiner und Lucretili-Berge sind trotz ihrer geringen Höhe urwüchsig und unversehrt geblieben und bilden den Hintergrund des Tibertals, das die westliche Grenze der Sabina kennzeichnet und sich vom Norden der Hauptstadt nähert.

125 Von der Zeit der Etrusker bis ins späte 19. Jahrhundert ist der Tiber nördlich von Rom von Linienschiffen, die die Hauptstadt mit Perugia verbanden, befahren worden. Der Bau von Dämmen in Castel Giubileo, Nazzano und Alviano hat den Tiber für die Schifffahrt unpassierbar gemacht.

126 Nahezu zwei Kilometer lang, doch höchstens zweihundert Meter breit ist Ponza (Latina) ein enger und kurviger Landstrich, der vom Blau des Tyrrhenischen Meeres umringt wird. In der Mitte der Insel sind das Dorf Ponza und links die brüchigen Klippen von Chiaia di Luna zu erkennen.

127 An mehreren Stellen verengt sich die Insel Ponza auf einen schmalen Streifen, auf dem eine alte Straße verläuft und von dem zu beiden Seiten steile Klippen abfallen. Um die 3500 Personen wohnen auf der Insel, die im Sommer auf 15 000 – 20 000 anwachsen können.

128 Die Bucht von Chiaia di Luna, umgeben von einer ca. fünfzig Meter hohen, brüchigen Klippe, ist einer der bekanntesten und meistbesuchten Orte von Ponza (Latina). Man erreicht sie entweder vom Meer aus oder durch einen Fußgängertunnel, der zum Dorf führt.

129 Das außergewöhnlich klare Wasser macht Ponza wie die anderen Inseln des Archipels (Palmarola, Zannone, Ventotene, Santo Stefano) zu einem äußerst beliebten Ausflugsziel für Badegäste. In den kälteren Jahreszeiten können die Inseln auch zum Wandern oder zur Vogelbeobachtung genutzt werden.

130 Die Pontinischen Inseln sind durch Vulkanausbrüche vor 170 bis 5 Millionen Jahren entstanden und von Erosionen gekennzeichnet. Sonne und Wind tragen dazu bei, dass man hier eine typisch mediterrane Flora vorfindet, die sich durch resistente Arten wie Agave, Feigenkaktus, Ginster und Wolfsmilchgewächse auszeichnet.

131 Aufgrund von Steinlawinen und Erdrutschen war die Stadt Ponza (Latina) mehrmals dazu gezwungen, den schmalen Strand von Chiaia di Luna sperren zu lassen. Befestigungsarbeiten haben den Bereich schließlich sicherer gemacht. Im Sommer erlebt die Insel stets einen enormen Ansturm vom Festland.

132 Auf halber Strecke zwischen Ponza und Ischia gelegen, ist Ventotene (Latina) die kleinste bewohnte Pontinische Insel und Zeuge der Geschichte von Odysseus, der von ihren Klippen den betörenden Gesang der Sirenen vernahm.

133 Der alte Hafen von Ventotene ist noch immer derselbe, in den Tuffstein geschlagene aus der Zeit der alten Römer. An der am Leuchtturm zu erkennenden Hafeneinfahrt befindet sich noch heute der von den Römern angelegte Setzteich zur Fischzucht, von dem das Wasser durch ein ausgeklügeltes System in überdachte Becken geleitet wird.

134 links Die Küste des Bolsena-Sees (Viterbo) südlich vom gleichnamigen Dorf (im Hintergrund zu sehen) ist von großem archäologischem Interesse. Im Jahr 1966 ist man dort in 7 – 8 Metern Tiefe auf die prähistorische Siedlung des Gran Carro gestoßen; u. a. sind Fundamente aus Pfahlbauten und Felssteinblöcke, in die sich Radspuren eingeprägt haben, gefunden worden.

134 rechts Zwischen dem Bracciano-See und der Via Cassia gelegen, ist der Martignano-See (Rom) ein klassischer Badeort für Touristen; die beiden Seen sind Teil des 1999 gegründeten Regionalparks von 16 682 Hektar Fläche.

135 Umringt von weitläufigen Schilfrohrgebieten, steht der 45 Meter tiefe Posta-Fibreno-See (Frosinone) unter dem Schutz eines 400 Hektar großen Regionalreservats.

136 Der am Fuße des Terminillo gelegene Ripasottile-See (Rieti) wird von Schilf und Feldern umsäumt und gehört, wie auch der unweit gelegene Lungo-See, zu einem 3000 Hektar großen, regionalen Naturreservat. Im Gebäude der Wasseraufbereitungsanlage rechts im Bild ist das Besucherzentrum des Naturschutzgebietes untergebracht.

137 Tiefe, mit dichter Macchia aus Steineichen überdeckte Täler durchziehen die Campagna Romana am Fuße der steilen Kalksteinhänge, auf denen Tivoli erbaut worden ist. Einige dieser Täler, wie beispielsweise Fosso di Ponte Terra (Rom), ermöglichen lange Wanderungen in einer besonders urwüchsigen Umgebung.

138 Die Düne, die den Sabaudia-See (auch Paola-See) vom Tyrrhenischen Meer trennt, ist Teil des 1934 an der Pontinischen Küste gegründeten Circeo-Nationalparks. Obwohl in der Nachkriegszeit hier dutzende von Villen entstanden sind, hat das Gebiet noch seinen unschätzbaren Wert für Naturforscher bewahren können.

139 Klippen und kleine Sandstrände sind charakteristisch für die nördlich von Gaeta liegende Küste in der Provinz Latina und für das Vorgebirge des Monte Orlando, das durch hohe Kalksteinklippen vom offenen Meer geschützt wird. Im Hintergrund ist die Küste zwischen Formia, Minturno und der Campagna zu sehen.

140-141 Die von den Päpsten in die Wege geleitete und in den dreißiger Jahren des 20. Jahrhunderts vollendete Urbarmachung haben aus der Pontinischen Ebene, die einstmals von Sümpfen und Mooren überzogen war, eine der fruchtbarsten Gegenden gemacht. Das hier angebaute Obst und Gemüse wird auf den Märkten in ganz Italien verkauft.

142 Die von düsterem Wald bedeckte Bergkette der Sabiner Berge, deren höchster Gipfel mit 1282 Metern der Monte Tancia ist, wird von dem Talkessel von Rieti, dem Tibertal und dem bei Rom gelegenen Teil der Sabina eingekreist. Gleichförmige Erhebungen zeigen sich weiter nördlich an der Grenze zu Umbrien.

143 In der Antike von einem einzigen fauligen Sumpf bedeckt, ist der Talkessel im Norden von Rieti von den alten Römern trockengelegt und das Wasser kanalisiert worden, sodass es durch eine Kanalöffnung in den Wasserfall von Marmore und in die Nera abfließen kann. Heute ist es eine der fruchtbarsten Gegenden Latiums.

144 Der Fluss Turano, der an den Toren der Stadt Rieti in den Velino stürzt, fließt durch ein tiefes Tal, das von Hügeln mit dichten Eichenwäldern umgeben ist. Weiter oberhalb des Berges wird der Fluss durch einem Damm gestaut, sodass ein atemberaubendes, breites Wasserbecken entstehen konnte.

145 Schon der heilige Franziskus hat die Täler der Reatino-Ebene durchquert und in ihren Wallfahrtsorten, Wäldern und kleinen Ansiedlungen gepredigt, in denen die Faszination angesichts dieses historischen Ereignisses fortbesteht.

146 und 147 Die an Latina angrenzende Landschaft wird auch in Gewächshäusern intensiv kultiviert, die sämtliche Obst- und Gemüsemärkte Italiens versorgen. Den Rekord der besten, im Gewächshaus gezogenen Gemüsesorte halten die Zucchini, gefolgt von Tomaten und Kopfsalat, die wir das ganze Jahr über genießen.

148-149 Auf den Anbaufeldern bei Tuscania (Viterbo) liegt eine Olivenbaumreihe neben der anderen. Das an die Stadt angrenzende Gebiet gehört seit 1997 zu einem der zahlreichen Naturparks der Region.

STÄDTE UND DÖRFER

Wer aus der Luft die Tolfatäler am Tyrrhenischen Meer betrachtet, wird sich über die aufgereihten grasgrünen „Riesenhügelchen" wundern. Ihrem Anschein nach von der Natur geschaffen, sind sie jedoch Gebilde des Menschen. Es handelt sich um die Hügelgräber der etruskischen Stadt Cerveteri, die über drei Jahrhunderte eine wichtige Rolle in der Geschichte des Mittelmeers gespielt hat.

Ausgestattet mit den Häfen von Alsium (Palo), Pyrgi (Santa Severa) und Punicum (Santa Marinella), zog die Stadt mit Unterstützung aus Karthago gegen die Griechen in die Schlacht, gewährte König Tarquinius Superbus nach seiner Vertreibung aus Rom Zuflucht und wurde, bevor sie in die Besitzungen der Ewigen Stadt überging, von Dionysios von Syrakus geplündert. Im Jahre 1561 wiederentdeckt, erlangte sie mit der Öffnung der Tomba Regolini-Galassi und der Tomba degli Scudi e delle Sedie 1838 erneut Ruhm.

„Eine sanfte Stille umgibt diese großen Grashügel mit ihren uralten Steinumfassungen, und auf dem Mittelweg ist noch so etwas wie ein schlichtes Glücksgefühl zurückgeblieben ... Sie sind überraschend geräumig und ansehnlich, diese Wohnungen der Toten ... die alten Bewohner sind ausgezogen ... Aber wer es auch war, der fortging: er hat ein angenehmes Gefühl zurückgelassen, das das Herz erwärmt und den Eingeweiden wohltut.", schrieb 1927 D. H. Lawrence in *Etruskische Stätten*.

Derzeit ist das Stadtgebiet Roms bis nach Cerveteri vorgedrungen. Das Interesse an den archäologischen Stätten besteht nach wie vor, doch ist das harmonische Landschaftsbild verschwunden. Etliche Ortschaften Latiums haben das gleiche Schicksal erlitten. Die modernen Bauten entlang der Via Cassia streifen die Hochebene der etruskischen Stadt Veio, die von Rom 396 v. Chr. einverleibt wurde und in der man antike Gräber und Straßen, das Heiligtum von Portonaccio sowie den zweihundert Meter in den Tuffstein geschlagenen Wassertunnel Ponte Sodo vorfindet. Am Fuße des Apennins haben Guidonias gewaltige Travertinbrüche und eine willkürliche Bautätigkeit die Hadriansvilla umzingelt. Reiseeindrücke inspirierten den Philosophenkaiser beim Ausbau seiner Villa zwischen 118 und 134 n. Chr., für die er u. a. das Lyceum und die Poikile von Athen und den Kanopus von Alexandria nachbauen ließ. Über tausend Jahre verlassen, haben „Archäologen" die Villa ge-

150 links Grottaferrata (Rom) ist im Laufe der Jahrhunderte um die Abtei des heiligen Nilus (siehe Bild) und um die Ruinen der romanischen Häuser entstanden.

150 rechts Die Kirche San Pietro Apostolo in Frascati (Rom) wurde 1610 geweiht, ihre Fassade jedoch erst 1700 fertiggestellt.

151 Rieti, die Hauptstadt von Sabina, liegt in einem fruchtbaren Talkessel, durch den die Via Salaria verläuft, die Rom mit Piceno und den Abruzzen verbindet. In der Stadt ragt der Assunta-Dom mit seinem romanischen Glockenturm und im Hintergrund das Terminillo-Massiv empor, ein beliebtes Ziel vieler Ausflügler und Skiläufer.

153 Das Dorf Ventotene (Latina) ist der einzige bewohnte Ort auf der gleichnamigen Insel und besitzt sowohl einen eindrucksvollen antiken und in den Tuffstein gehauen Hafen als auch einen größeren, modernen Ankerplatz. Wie auch auf den anderen Inseln des Pontinischen Archipels, sind auf Ventotene jahrhundertelang politisch Verbannte und Gefangene festgehalten worden.

plündert und hunderte von Statuen mitgenommen, die heute in den Museen der Welt ausgestellt sind. Vor allem aus der Luft bietet sie atemberaubende Anblicke, wenn Sonnenstrahlen den Säulen, dem Wasser des Poikile und des Kanopus, den grünen Olivenbäumen und Wiesen einen schimmernden Glanz verleihen. Weniger Schaden haben die Villa Gregoriana und d'Este im Zentrum von Tivoli genommen. Erstere, von Papst Gregor XVI. im Jahre 1835 erbaut, liegt gleich neben der Cascata Grande, die sich aus dem Aniene speist, und hat schon im 19. Jahrhundert Besucher in Erstaunen versetzt. Letztere wurde 1550 angelegt und ist für ihre zauberhaften Wasserspiele bekannt. Wie geschichtsträchtige Inseln aus Stein ragen rund um die Campagna Romana und Rom weitere historische Anlagen aus dem Meer modernster Bauten hervor. Palestrina, Geburtsort des Komponisten Pierluigi da Palestrina, ist auf den sechs Terrassen des Fortuna-Heiligtums erbaut worden, das zwischen dem 2. und 1. Jahrhundert v.Chr. auf den Überresten einer noch älteren Kultstätte entstanden ist. Das antike Theater ist 1640 von dem Palazzo Colonna Barberini überbaut worden. Dreihundert Meter oberhalb liegt an der Stelle der antiken Akropolis das Dorf Castel San Pietro Romano.

Die Abtei Grottaferrata ist von dicken, mit Zinnen versehenen Mauern umgeben. Sie wurde 1014 von Mönch Nilus aus Rossano Calabro gegründet. Von allen Seiten sind das Renaissance-Portal und die Kirche Santa Maria von 1024 ein bewegender Anblick. Im Innenraum der Kirche befindet sich die Kapelle der hll. Nilus und Bartholomäus mit Fresken von Domenichino aus dem Jahre 1610.

154 links Die große, von Landwirtschaft geprägte Ortschaft Sezze (Latina) liegt am Rande der fruchtbaren Pontinischen Ebene und ist von den Volskern gegründet worden. Als römische Kolonie hat sie sich später vergrößert und wird noch heute von einer gewaltigen antiken Stadtmauer geschützt. Während in ihrer Mitte der 1364 geweihte Dom emporragt, gibt es auf dem umliegenden Gebiet zahlreiche archäologische Stätten zu besichtigen.

In einem vom Glauben geprägten Land wie Latium ist es nicht verwunderlich, dass viele der wichtigsten Bauwerke Abteien und Klöster sind, wie z. B. die vier von Wäldern umschlossenen Franziskanerklöster bei Rieti. Während Fonte Colombo, Poggio Bustone und La Foresta grandiose Aussichten darbieten, verdankt Greccio seine Bekanntheit dem heiligen Franziskus, der 1223 hier die erste Weihnachtskripoe der Geschichte inszeniert hat.

Am Übergang der Sabiner Hügel in die Campagna Romana erhebt sich die für die Geschichte der Region bedeutende Benediktinerabtei Farfa aus dem 6. Jahrhundert. Der Turm und die beiden Kreuzgänge machen sie von oben gesehen unverwechselbar. Aufgrund ihrer Portale, der Bibliothek und der Krypta ist sie eines der vornehmsten Glaubensdenkmäler Latiums.

Inmitten dichter Kastanienwälder, zwischen dem Vico-See und Viterbo, befindet sich im Zentrum eines mittelalterlichen Ortes die Abtei San Martino al Cimino, die im 13. Jahrhundert von Zisterziensern errichtet wurde. Die Certosa di Trisulti liegt wie von Zerreichen- und Buchenwäldern umhüllt unterhalb der Ernici-Felsen. Eine vom Menschen entstellte Landschaft umgibt hingegen die Abtei Casamari, die 1217 vcn Papst Honorius III. geweiht wurde. Eine besonders feierliche Stimmung erlebt man in der von Benediktinern gegründeten Abtei Fossanova in der Nähe der Via Appia Romana.

Weltberühmt ist Montecassino, das neben den Industrieanlagen von Cassino beim Monte Cairo gelegen ist. Im Jahre 529 vom heiligen Benedikt gegründet und über Jahrhunderte außerordentliches Zentrum der Kultur und des Glaubens, ist die Abtei 1944 dem Erdboden gleichgemacht und in der Nachkriegszeit wieder zum Leben erweckt worden. Die beiden Konvente in den tiefen Schluchten des Aniene vor den Toren von Subiaco konnten im Gegensatz zu Montecassino ihren Zauber erhalten. Die Abtei Santa Scolastica verfügt über drei stilvolle Kreuzgänge und war ab 1464 Sitz der ersten Druckerei Italiens. Das Konvent Sacro Speco mit seinen außergewöhnlichen Fresken ist in den Felsen hineingeschlagen worden und eines von Italiens ergreifendsten religiösen Bauwerken.

Neben den „Zitadellen des Glaubens" sind in den letzten Jahrhunderten Festungen und Burgen entstanden. Sermoneta an der Pontinischen Ebene, Barbarano Romano in den Schluchten der Tuscia und die Renaissance-Festung Civita Castellana sind Ortschaften aus dem Mittelalter. Ihre Einzelstellung erhalten haben sich die Burg Santa Severa bei den etruskischen Mauern von Pyrgi und das Castello dell'Abbadia an der Fiora.

Eindrucksvolle Schlösser in Latium sind die der Familien Odescalchi in Bracciano und Savelli in Palombara Sabina sowie Rocca Pia von Tivoli und das Castello di Fondi. Das Schloss La Rocca di Fu-

154 Mitte Auf cen von Wäldern und Olivenhainen überzogenen Sabiner Hügeln liegen wie einzelne Tupfer verstreut Orte antiken Ursprungs. Montebuono (Rieti) mit seiner schönen mittelalterlichen Ringmauer befindet sich oberhalb des Tibertals an der Grenze zwischen Latium und Umbrien.

154 rechts Das am Rande der Castelli Romani gelegene Artena (Rom) hat eine unversehrte historische Altstadt, die über einem Steilhang erbaut worden ist und in deren Mitte der Palazzo Borghese aus dem 17. Jahrhundert steht. In der für Autos unzugänglichen Ortschaft wird noch immer alles auf Eseln transportiert.

mone verdankt seine Attraktivität der Aussicht auf die Ciociaria und der Tatsache, Mönch Peter von Morrone, ehemals Coelestin V., bei sich aufgenommen zu haben, den einzigen Papst der Geschichte, der von seinem Amt zurückgetreten ist.
Für das nördliche Latium sind die polygonalen Mauern kennzeichnend, welche die Italiker um 500 v.Chr. errichtet und Roms Ingenieure in Staunen versetzt haben. Die schönsten Abschnitte stehen in Segni, Castel San Pietro Romano, Arpino, Alatri und Norba. Auf den Circeo-Felsen liegt die „Akropolis der Zirze", eine von den Volskern vor 2500 Jahren gebaute, eckige Ringmauer.
Den letzten Blick richten wir auf die „kleinen Hauptstädte", die beweisen, dass Latium ein vielfältiges Land ist. Latina, die „Hauptstadt der urbaren Erde", ist 1932 unter dem Namen Littoria entstanden und verfügt um die Piazza del Popolo über beispiellose Zeugnisse faschistischer Architektur. Am Übergang zu Kampanien liegt Gaeta, „Hauptstadt der Bourbonen" und wichtige Stadt der Römer, in der die beiden Dome Sant'Assunta und Sant'Erasmo, kurz nach 1000 erbaut, erhalten sind.
Frosinone, Hauptstadt der Ciociaria, ist von den Volskern gegründet worden, hat jedoch kaum noch antike Bauwerke. Während das Wirtschaftszentrum der Provinz immer weiter zu den Industriegebieten von Cassino rückt, konzentriert sich das historische Gedächtnis an diese Region von Latium auf die Paläste und Kirchen von Agnani mit ihrer 1077 gebauten Kathedrale. Den Innenraum zieren ein Kandelaber und ein Ziborium sowie die Fresken der aus der Mitte des 13. Jahrhunderts stammenden Krypta.
Am Fuße des Terminillo im Herzen von Sabina liegt Rieti, dessen weitläufiges Industriegebiet von herrlichen mittelalterlichen Mauern und dem mächtigen Dom dell'Assunta mit seinem schon von weitem sichtbaren Turm (1109 begonnen) flankiert wird. Weiter im Norden verdankt Amatrice, die Hauptstadt des „abruzzischen Latiums", das 1923 zur Region hinzukam, seinen Ruhm der Küche (der bekannten „Matriciana"-Sauce) und den Laga-Bergen.
Die schönsten „Hauptstädte" sind jedoch näher an der Toskana gelegen. Verfügt bereits Tarquinia, das antike Tarchna, über eine mittelalterliche Innenstadt und die schönsten, bemalten Grabmäler von Etrurien, so hat Tuscania, das Tarquinia den Hauptstadttitel des etruskischen Latiums streitig macht, einen noch unversehrteren mittelalterlichen Ortskern mit den zwei romanischen Kirchen Santa Maria Maggiore und San Pietro.
Doch der Titel der schönsten Stadt Latiums – abgesehen von Rom – steht Viterbo zu, der Hauptstadt von Tuscia. Der päpstliche Palast, die Kathedrale, die Mauern und das mittelalterliche Viertel San Pellegrino rufen unmittelbar vergangene Zeiten wach. An den Toren der Stadt angekommen, hat man die Wahl zwischen der etruskischen Atmosphäre von Castel d'Asso und Castel di Norchie und Renaissance-Impressionen in Bagnaia und der Villa Lante mit dem vielleicht schönsten italienischen Garten Latiums.

157 Die imposante Fassade des Palazzo Camuccini, der beim Umbau der mittelalterlichen Burg entstanden ist, thront über dem Zentrum von Cantalupo in Sabina (Rieti). Neben dem Palast steht die Kirche San Biagio, die im 18. Jahrhundert durch den Bau einer beeindruckenden barocken Fassade noch prächtiger geworden ist.

158-159 Verglichen
des Pontinischen Ar
(Latina) über acht Kil
die Länge und liegt
von der Circeo-Küst
vollen Tuffsteinklipp
liegt ihr Hauptort gle
Anlegestelle der Ins

160-161 Die Altstadt von Tolfa (Rom) liegt im Zentrum der gleichnamigen Berge bzw. auf den schroffen, ehemals vulkanischen Hügeln, die sich südlich von Civitavecchia zum Tyrrhenischen Meer hin ausdehnen. Die Gegend ist für Naturforscher von großem Interesse. Auf einer Anhöhe sind noch Ruinen einer mittelalterlichen Festung vorhanden.

162 Im Zentrum von Castel Gandolfo (Rom) am Albaner See steht der beeindruckende päpstliche Palast, der zwischen 1624 und 1629 auf den Ruinen der Villa Kaiser Domitians erbaut worden ist. Das der Vatikanstadt zugehörige Bauwerk fungiert als Sommerresidenz des Papstes.

163 Die Abtei des heiligen Nilus, außerhalb der Altstadt Grottaferratas (Rom) gelegen, gehört zu Latiums ältesten und bedeutsamsten Abteien. Sie ist im Jahre 1004 vom heiligen Nilus gegründet worden. In der Mitte der Klosteranlage, ein Meisterwerk von Antonio da Sangallo, befindet sich die 1024 geweihte Kirche Santa Maria, an deren Seite ein romanischer Turm emporragt.

164 Hohe gelbliche Tuffsteinklippen bestimmen den Anblick der Überreste der Villa Nerone von Anzio (Rom), einer wichtigen Küstenstadt südlich von Rom, deren Bekanntheit auf die Landung der Alliierten im Januar 1944 zurückzuführen ist. Hinter der Stadt und dem Hafen, von dem Fähren und Tragflügelboote nach Ponza ablegen, ist Nettuno zu erkennen.

165 Die im Auftrag von Papst Alexander VI. zwischen 1496 und 1503 errichtete, gewaltige Festung dient heute als Museum und thront über dem mittelalterlichen Ort und dem kleinen Touristenhafen von Nettuno (Rom). Über Jahrhunderte schloss sich südlich dieses Städtchens an Latiums Küste die wilde Natur der Pontinischen Sümpfe an.

166 links und rechts Die großen Villen der römischen Adelsfamilien stellen eine angenehme Abwechslung in Frascatis (Rom) Wohnvierteln dar. Die im Umkreis älteste Villa, Falconieri (auf der linken Seite), ist von 1546 bis 1548 erbaut worden und heute im Besitz des Erziehungsministeriums; rechts ist die Villa Aldobrandini mit ihrem prachtvollen Park abgebildet, der zwischen 1598 und 1602 angelegt worden ist.

167 Als wichtiger Wohnort und traditionelles Ausflugsziel zieht sich Frascati entlang der Anhöhen der Castelli Romani in Richtung Rom fort. Im 18. und 19. Jahrhundert wurde die Stadt von den Reisenden der Grand Tour häufig besucht. Sie trägt noch heute Spuren der Zerstörung (1944) durch die Alliierten.

168 An einem einsamen Ort im dichten Waldgebiet der Ruffi-Berge, welche die Campagna Romana vom Aniene-Tal trennen, liegt Gerano (Rom) mit einer hübschen, mittelalterlich geprägten Altstadt, aus der die Kirchen San Lorenzo Martire und Santa Maria Assunta emporragen.

169 Mit 768 Metern Höhe ist Rocca Priora (Rom) die höchst gelegene Ortschaft der ursprünglich vulkanischen Albaner Berge, die sich Rom von Süden her annähern. In der Mitte des Ortes befindet sich der Palazzo Baronale, der nach der Zerstörung der mittelalterlichen Festung 1880 gebaut wurde und in dem heute das Rathaus untergebracht ist.

170 Auf den sanften Hügeln gelegen, die sich östlich des Tibertals erheben, besitzt Gavignano Sabino (Rom) eine hübsche Altstadt, die von Feldern, Wäldern und Olivenhainen umgeben ist. Neben der Pfarrkirche stößt man in dem Ort noch auf Säulen und andere Überreste romanischer Bauten.

171 Die eindrucksvolle Burg der Savelli aus dem 14. Jahrhundert dominiert die Altstadt von Nazzano (Rom) und den künstlich angelegten See, der seit 1979 zum ersten von der Region Latium gegründeten Naturreservat Tiber-Farfa gehört. Unzählige Vogelarten können hier beobachtet werden.

172 Subiaco (Rom) ist der wichtigste Ort des Aniene-Hochtals, an dem Besucher der Abteien San Benedetto (auch Sacro Speco) und Santa Scolastica auf ihrem Weg zwangsläufig vorbeikommen. Über der Ortschaft liegt thronend die streng wirkende Zwingburg Rocca Abbaziale.

173 links Die Benediktinerabtei Santa Scolastica gehört zu den eindrucksvollsten Latiums. Der romanische Turm geht auf die Jahre 1052/53 zurück, die Kirche von 980 ist im Barockstil wieder hergerichtet worden, der dritte Kreuzgang ein Meisterwerk der Cosmatenkunst. 1464 war das Kloster der Sitz von Italiens erster Druckerei.

173 rechts Die Nebenkathedrale Sant'Andrea aus dem Jahre 1789 in Subiaco wurde ir einer sechs Stunden andauernden Zeremonie geweiht.

174 Die auf den Bracciano-See hinausragende Ortschaft Anguillara Sabazia ist eine mittelalterliche Siedlung, deren Straßen zur Kirche Collegiata dell'Assunta aus dem 18. Jahrhundert und ihrer beeindruckenden barocken Fassade hinaufführen.

175 Auch Trevignano Romano (Rom) am Ostufer des Bracciano-Sees ist ein klassisches Ausflugsziel. Oberhalb der Seepromenade und der hübschen Altstadt mit ihrer aus dem 16. Jahrhundert stammenden Assunta-Kirche liegen die Ruinen der von Giovanni Borgia 1496 zerstörten Festung.

176 Palestrina (Rom), das antike Praeneste, ist auf den sechs Terrassen des Fortuna-Heiligtums, das vom 2. bis 1. Jahrhundert v. Chr. auf den Überresten einer noch älteren Kultstätte angelegt wurde, erbaut worden. Am höchsten Punkt des Ortes ragt der Palazzo Colonna-Barberini von 1640 empor.

177 Die imposante Odescalchi-Burg, die ab 1740 von der Familie Orsini erbaut wurde, thront über Braccianos Altstadt (Rom), die sich auf westlicher Seite des gleichnamigen Sees befindet. In der mit sechs Wachtürmen bewehrten, kleinen Festung finden kulturelle Veranstaltungen und Tagungen statt; der Rundweg bietet eine herrliche Aussicht.

178 Bellegra (Rom) entstand im 4. Jahrhundert v. Chr. als römische Kolonie Vitellia und wurde zwischen dem 9. und 10. Jahrhundert zu Civitella. Es befindet sich in der Mitte von Latium zwischen dem Tal des Aniene, einem Nebenfluss des Tibers, und dem Sacco-Tal.

179 Die eindrucksvolle, pseudomittelalterliche Festung Torre Alfina (Viterbo) aus dem späten 19. Jahrhundert liegt in herausragender Stellung auf der Hochebene, die den Bolsena-See und Orvieto voneinander trennt. Die hinter der Burg beginnenden Wälder reichen bis ins Paglia-Tal hinunter und gehören zu dem 2892 Hektar großen Naturreservat Monte Rumeno.

tirrenia
FERCAM

180 Der Hafen von Civitavecchia (Rom) ist seit Jahrhunderten der Haupthafen für den Seeverkehr von und nach Rom. Heute gehen hier neben den Fähren nach Olbia und zu den anderen Häfen Sardiniens Kreuzfahrtschiffe vor Anker, deren Passagiere die Kaiserforen, das Kolosseum und den Petersdom besichtigen.

181 Die Altstadt von Civitavecchia ist durch die Bombardements im Zweiten Weltkrieg schwer beschädigt worden, sodass sie heute ein modernes Stadtbild abgibt. Das interessanteste Bauwerk ist die Forte Michelangelo, das heutige Hafenamt, aus dem Jahre 1508.

182 Wer sich für die Geschichte der Antike begeistert, für den ist Albano (Rom) der interessanteste Ort der Castelli Romani. In der kleinen Stadt, die von der Via Appia durchkreuzt wird, kann man in der Tat frühchristliche Katakomben des San Senatore besuchen sowie den bestaunenswerten Cisternone, eine riesige, in den Fels geschlagene Zisternenanlage aus der Kaiserzeit, und die Sammlungen des Stadtmuseums.

183 Genzano (Rom) am Nemi-See ist die sogenannte Città dell'Infiorata: An Fronleichnam wird auf dem Pflaster ein endlos langer Blütenteppich bis zur Kirche Santa Maria della Cima hinauf ausgelegt. Im Stadtkern erhebt sich der Palazzo Cesarini.

184 Der herrliche Park der Villa d'Este, ab 1530 für Kardinal Ippolito d'Este angelegt, zieht sich bis zur Altstadt und an die Festung Rocca Pia von Tivoli (Rom) hinauf, der bedeutendsten Stadt am Ufer des Aniene, die östlich der Campagna Romana und der Hauptstadt liegt.

185 Von den kleinen Ortschaften am Tibertal ist das südlich von Rom gelegene Civitella San Paolo (Rom) eine der bezaubernndsten. Der Eingang zur Altstadt, die aus einem einzigen Gassenlabyrinth besteht, wird von der Burg Monaci di San Paolo bewacht.

186 Die zwischen 118 und 134 n. Chr. gebaute Villa Kaiser Hadrians liegt am Fuße der Hügel Tivolis (Rom) und umfasst Gebäude, zu deren Bau der Kaiser auf seinen Reisen inspiriert wurde. Das 232 Meter lange Becken auf diesem Bild ist eine Anlehnung an den Kanopus von Alexandria in Ägypten.

187 Um die Villa Kaiser Hadrians herum lebt noch ein Stück antiker Landschaft der Campagna Romana fort. Im 15. Jahrhundert wiederentdeckt, ist die Villa in den darauffolgenden Jahrhunderten von „Archäologen" geplündert worden, die hunderte von Statuen weggeschafft haben. Die spiegelnde Wasserfläche im oberen Teil des Bildes ist eine Nachahmung des Poikile von Athen.

188 Wenige hundert Meter von der Landebahn des Flughafens Fiumicino (Rom) entfernt, hat das sechseckige Becken des Trajanshafens über Jahrhunderte den Schiffen der kaiserlichen Flotte gedient. Durch den Kanal der Fossa Traiana, der heute noch für den Schiffsverkehr zugänglich ist, war es mit dem offenen Meer verbunden.

189 Der Legende nach hat König Ancus Marcius im 7. Jahrhundert Ostia Antica auf den von Äneas aufgesuchten Stätten gegründet. Archäologische Nachforschungen haben jedoch ergeben, dass die Errichtung auf das 4. Jahrhundert v. Chr. zurückgeht und Ostia als militärischer Vorposten zur Verteidigung des Zugangs zum Tiber diente, der im Hintergrund zu sehen ist.

190 Montefiascone (Viterbo) liegt an einem fruchtbaren „Vulkankessel" und dem blau schimmernden Bolsena-See. Auf dem Bild zu sehen sind die große Kuppel der Kathedrale Santa Margherita und die päpstliche Festung Rocca dei Papi auf dem Gipfel des Hügels.

191 Im Herzen der Pontinischen Ebene wurde im 9. Jahrhundert in der Nähe der römischen und mittelalterlichen Via Appia mit Sicht auf den Monte Circeo und die Monti Ausoni von Benediktinern die Abtei Fossanova gegründet, bevor sie 1133 an die Zisterzienser überging. Geweiht wurde die Kirche 1208 von Papst Innozenz III.

192 Die weiß getünchten Häuser machen Sperlonga (Latina) zu einer einzigartigen Ortschaft, die zwischen den Sümpfen der Piana di Fondi und den aufstrebenden Klippen an der Küste des Tyrrhenischen Meers liegt, an der die Via Flacca entlangläuft. Nur unweit entfernt befinden sich Villa und Grotte des Kaisers Tiberius.

193 Als letzter Vorposten des Kirchenstaates liegt Terracina (Latina) an der Grenze zum einstigen Königreich Neapel und ist eine der wichtigsten Anlegestellen Latiums. Das Stadtbild im Zentrum wird vornehmlich von den Ruinen des Jupiter Anxur geweihten Tempels bestimmt; durch den wachturmartigen Kalkfelsen Pisco Montano verläuft ein tiefer Einschnitt, damit die Via Appia auch hier am Meer entlang führen kann.

194 Bekannt für sein kühles Klima wie auch seinen Schinken, liegt Bassiano (Latina) um eine kleine Bergspitze herum unterhalb der Lepini-Berge, der urwüchsigen kalksteinhaltigen Gebirgskette, welche die Pontinische Ebene von der Ciociaria abgrenzt. Im Jahr 1449 ist Aldo Manuzio der Ältere in Bassiano geboren, einer der berühmtesten Drucker der Renaissance.

195 An den nördlichen Ausläufern der Lepini-Berge, doch nahe der Küste bei den Castelli Romani gelegen, war Cori (Latina), bevor Rom sich vergrößert hat, eine der wichtigsten Städte Latiums. An seine frühere Macht erinnern das polygonale Mauerwerk und der Kastor- und Pollux-Tempel.

196 Der Glockenturm des Duomo dell'Assunta – 1109 begonnen, 1209 geweiht und im 18. Jahrhundert restauriert – überragt die modernen Alleen und Renaissance-Paläste in der Altstadt von Rieti. Ein Denkmal erinnert daran, dass der Ort, durch den der Velino fließt, genau in der Mitte Italiens liegt.

197 La Foresta ist eines der vier kleinen Klöster Rietis (die anderen sind Poggio Bustone, Greccio und Fonte Colombo), die noch heute an die langen Aufenthalte des heiligen Franziskus im Reatina-Tal erinnern. Der Heilige verweilte im Jahr 1225, während einer Reise nach Rom, in La Foresta (bzw. Santa Maria della Foresta).

198 Zwischen der Via Salaria und dem Tibertal gelegen, unterstand das mittelalterliche Örtchen Mompeo (Rieti) lange Zeit der Abtei Farfa. Heute wird es von einem imposanten, freiherrlichen Palast beherrscht, der nacheinander den Orsini, Savelli, Naro und Patriziern gehörte und in dem es verschiedene, mit Fresken verzierte Säle zu bestaunen gibt.

199 In den tiefen Tälern und Wäldern des Terminillo gelegen, wacht Cittaducale (Rieti) über den Verkehr auf der Via Salaria nach Piceno und in das Gebiet Abruzzo Aquilano. Der zentrale Platz wird flankiert von der Kirche Santa Maria del Popolo und dem schlanken Rathausturm. Im weiteren Umfeld liegen einige Renaissance-Paläste.

200 Auf einem steilen Hügel am Tibertal gelegen, ist Fara Sabina (Rieti) von seinen berühmten Olivenhainen umgeben und durch eine Bahnverbindung an Rom angebunden. Der Zusatz Fara, den auch zahlreiche andere Orte der Abruzzen tragen, weist auf die Gründung der Stadt durch die Langobarden hin.

201 Wie viele andere Orte der unteren Sabina stand auch Salisano (Rieti) um 1000 herum unter der Lehnsherrschaft der Mönche von Farfa, bis es in den Besitz der Orsini überging. Von einer schönen Ringmauer geschützt, ragt in der Ortsmitte die Pfarrkirche San Pietro e Paolo heraus.

202 Im Ortskern von Viterbo erinnert der gewaltige päpstliche Palast neben der romanischen Kathedrale San Lorenzo an den langen Aufenthalt der Pontifices im 13. Jahrhundert in der Stadt. In dem Gebäude fanden die Konklaven statt, aus denen u. a. Gregorius X. (1271), Johannes XXI. (1276) und Martin IV. (1281) als Päpste hervorgegangen sind.

203 In der Gegend zwischen dem Vulkanmassiv der Cimini-Berge und der fruchtbaren Ebene der Tuscia ist Viterbo eine der schönsten und interessantesten Städte Latiums. Das San Pellegrino-Viertel gehört mit seinen Bögen, Geschlechtertürmen und auffallend schönen Außentreppen zu den besterhaltenen und eindrucksvollsten Italiens.

204 Auf einem Kap am Bolsena-See errichtet, ist Capodimonte eine der zauberhaftesten Ortschaften in der Provinz Viterbo. Auf dem größten See Latiums liegen die Inseln Bisentina und Martana. Im Ortskern von Capodimonte befindet sich die Farnese-Burg.

205 Bolsena (Viterbo), das antike Volsinii, ist eine der bedeutendsten Ortschaften des etruskischen Latiums, die noch über einen äußerst gut erhaltenen, mittelalterlichen Stadtkern und den mit Türmen bewehrten Farnese-Palast verfügt, dessen heutiges Erscheinungsbild auf die Entwürfe von Antonio da Sangallo dem Jüngeren zurückgeht. Die Festung und die nahe gelegenen Strände werden besonders gerne von deutschen Touristen aufgesucht.

206 Als wichtiger Knotenpunkt für Schienen- und Autoverkehr wacht Orte (Viterbo) über das Tibertal und die Einmündung in die Via Flaminia, die in Richtung Terni führt. Aus der Altstadt ragt die weiße Fassade der Assunta-Kathedrale hervor; in ihrer Nähe liegt auch die romanische Kirche San Silvestro.

207 Unter den kunsthistorisch und allgemeingeschichtlich bedeutsamsten Städten Mittelitaliens hat Tuscania (Viterbo), das antike Toscanella, mittelalterliche Dächer und Kirchen, weitläufige etruskische Nekropole und die mittelalterlichen Basiliken Santa Maria Maggiore und San Pietro vorzuweisen. Hervorragende Restaurierungsarbeiten haben die durch das Erdbeben von 1971 entstandenen Schäden vollständig beseitigt.

208-209 Zwischen dem Vico-See und der Via Cassia gelegen, verfügt die Altstadt von Ronciglione (Viterbo) über einen unversehrten mittelalterlichen Stadtkern, der von zahlreichen Tuffsteintürmen umgeben ist. Neben der Burg mit dem allseits bekannten Namen „I Torrioni" („Die Wachtürme") steht der barocke Dom von San Pietro e Caterina.

210 Der spektakuläre Palazzo Farnese mit seinem fünfeckigen Grundriss ragt am höchsten Punkt der Altstadt Caprarolas (Viterbo) empor, das seine Bekanntheit auch der Nähe zum Vico-See und den weitläufigen Haselnussanbauflächen verdankt. Der von Vignola entworfene Palast ist mit bedeutenden Fresken des ausgehenden 17. Jahrhunderts verziert.

211 Wenn man der Via Aurelia Richtung Norden folgt, stößt man kurz vor dem Übergang zur Toskana auf die letzte Ortschaft Latiums, Montalto di Castro (Viterbo). Das mit einer schönen Ringmauer bewehrte, alte Dorf der Maremma liegt nur wenige Kilometer vom Meer und von der etruskischen Stadt Vulci entfernt.

212-213 Die zu Beginn des 13. Jahrhunderts von Zisterziensern errichtete große Abteikirche ragt im Zentrum von San Marino al Cimino (Viterbo) empor, das man zwischen dem Vico-See und Viterbo findet. Die Anlage der Ortschaft ist im 17. Jahrhundert von Marcantonio De Rossi entworfen worden und bis heute nahezu erhalten geblieben.

214 Während die unweit entfernte Ebene der Ciociaria heute mit weitläufigen Industriegebieten überzogen ist, liegen an den Hängen der Lepini-Berge, wie von Zeit und Raum abgeschieden, noch ganz ursprüngliche Ortschaften. In Patrica (Frosinone), zweifellos einer der stimmungsvollsten Orte, führt der Wanderweg auf den Monte Cacume hinauf, der im Bild oben links zu sehen ist.

215 Wenige Kilometer von Anagni und seinem prächtigen Dom entfernt liegt der Ort Sgùrgola (Frosinone) mit seinem intakten mittelalterlichen Stadtkern, der erst den Caetani, dann dem Adelsgeschlecht Colonna gehörte und als Stützpunkt für die Ghibellinen diente, die sich gegen Bonifatius VIII. verschworen hatten. In der Innenstadt befinden sich einige Kirchen aus dem Mittelalter.

216 Südlich der Albaner Berge gelegen, verdankt der Ort Velletri (Rom) seine Berühmtheit der Tatsache, dass die Gens Octavia hier das Licht der Welt erblickt hat, u. a. der Kaiser Augustus. Das bedeutsamste Bauwerk ist der Dom San Clemente, der im 4. Jahrhundert entstanden und vielfach umgebaut worden ist.

217 Die Ortschaft Posta Fibreno (Frosinone) im Herzen des Comino-Tals ist aufgrund ihrer Nähe zum gleichnamigen See bekannt, eine tiefe und äußerst klare Grundwasserquelle, die unter dem Schutz eines regionalen Naturreservats steht und in der das Wasser aus den Bergen des Nationalparks Abruzzen, Latium und Molise ans Tageslicht gelangt.

218 Die Stadt Marino (Rom) liegt an einem für die Albaner Berge typischen Pfeffersteinfelsen auf den Kraterhängen, die den Albano-See umschließen. In der Innenstadt befindet sich die Kirche San Barnaba (links) aus dem 17. Jahrhundert.

219 Die Kathedrale von Anagni (Frosinone) ist eines der bedeutendsten Beispiele romanischer Kunst in Latium. Sie wurde zwischen 1072 und 1104 an der höchsten Stelle im Ort erbaut, der über Jahre als eine Art „Pontifikalhauptstadt" galt.

220 links In dem weit ausgedehnten und fruchtbaren Tal, das Frosinone von Isola del Liri und Sora abgrenzt, ist Monte San Giovanni Campano (Frosinone), das einstige Castelforte, über Jahrhunderte eine der bestbewehrtesten Festungen der Ciociaria gewesen.

220 rechts Im Comino-Tal unterhalb der Berge des Nationalparks Abruzzen, Latium und Molise liegt neben dem mittelalterlichen Ort Vicalvi (Frosinone) eine gewaltige Burg der Langobarden aus dem 12. Jahrhundert.

221 Arpino (Frosinone) gehört zu den geschichtsträchtigsten Orten der Ciociaria. Es verdankt seine Bekanntheit dem hier geborenen Redner Cicero. Auf dem Gipfel des Hügels befinden sich die Überreste einer italischen Stadt (heute Civitavecchia), die von den polygonalen Mauern der Volsker beschirmt wird.

Register

Register

Fotonachweis:

Antonio Attini/Archivio White Star: S. 2-3, 6-7, 8, 12 Mitte und rechts, 15, 20-21, 22-23, 24 rechts, 27, 28 links und rechts, 32, 33, 35, 54, 58, 70, 72-73, 82-83, 86, 87, 88, 89, 90, 91, 92, 93, 94, 95, 99, 102, 103, 104, 105, 106-107, 108 links, 109, 112 links, Mitte und rechts, 115, 116-117, 118, 119, 120, 121, 122, 123, 124, 125, 134 links und rechts, 135, 136, 137, 138, 139, 140-141, 142, 143, 144, 145, 146 links und rechts, 147, 148-149, 150 links und rechts, 151, 154 links, Mitte und rechts, 157, 160-161, 162, 163, 164, 165, 166 links und rechts, 167, 168, 169, 170, 171, 172, 173 links und rechts, 174, 175, 176, 177, 178, 179, 180, 181, 182, 183, 184, 185, 190, 191, 192, 193, 194, 195, 196, 197, 198, 199, 200, 201, 202, 203, 204, 205, 206, 207, 208-209, 210, 211, 212-213, 214, 215, 216, 217, 218, 219, 220 links und rechts, 221

Marcello Bertinetti/Archivio White Star: S. 4-5, 9, 11, 12 links, 18-19, 24 links, 25, 28 Mitte, 31, 34, 36, 37, 38, 39, 40, 41, 42, 43, 44-45, 46, 47, 48, 49, 50, 51, 52, 53, 55, 56, 57, 59, 60-61, 62, 63, 64, 65, 66, 67, 68, 69, 71, 74, 75, 76, 77, 78, 79, 80, 81, 84, 85, 96, 97, 98, 100-101, 108 rechts, 111, 126, 127, 128, 129, 130, 131, 132, 133, 153, 158-159, 186, 187, 188, 189

World Sat: S. 16

Fotografien
Antonio Attini
Marcello Bertinetti

Text
Stefano Ardito

Redaktionelle Leitung
Valeria Manferto De Fabianis

Besonderer Dank des Herausgebers an:
Emo, Francesco und Fabio Bientinesi von Volitalia,
an Francesco Orrico und Hotel Fontana (Rom).

Via Candido Sassone, 22–24
13100 Vercelli – Italien
www.whitestar.it

Für die deutsche Ausgabe

www.whitestar-verlag.de

2. unveränderte Auflage 2008

ISBN 978-3-86726-001-5

2 3 4 5 6 7 13 12 11 10 09 08

Übersetzung: Birte Völker
Producing: K.Design, Wiesbaden

Gedruckt in China

Litho: Areagroup Media, Mailand (Italien)